하나님이 설계하신

온전한 교육

킹덤처치연구소
KINGDOM CHURCH INSTITUTE

온전한교육

대안을 넘어
하나님의 원안으로
빼앗긴 교육 주권을
회복하라!

조형래
지음

"길 잃은 위기의 시대, 하나님의 교육을 통해
회복을 위한 진정한 탈출구와 준엄한 이정표를 제시한다."

박상진소장, 박하식교장, 유병용감독, 이정훈목사, 유근재총장, 이종필목사 추천

CONTENT

이론과 현장을 넘나드는 통찰, 교육 위기의 진정한 탈출구

박상진 소장(기독교학교교육연구소, 한동대학교 석좌교수, 장로회신학대학교 명예교수, 사학법인미션네트워크 상임이사)

오늘날 우리 사회는 총체적인 위기를 경험하고 있는데 그중 가장 왜곡된 영역은 교육일 것이다. 수많은 아동과 청소년, 그리고 부모와 교사들이 교육 고통 가운데 신음하고 있다. 도대체 왜 우리의 교육은 이토록 심각한 문제의 늪에 빠져있는가? 이 책은 기독교적 시각으로 한국 교육의 위기를 진단하고 무엇이 진정한 해결책인지를 선명하게 제시하고 있다. 지난 20여 년 동안 직접 기독교학교를 운영해 온 저자가 교육의 현장에서 온몸으로 직접 실천하며 검증한 기독교교육의 원리를 진솔하게 소개하고 있다. 이 책에서 저자는 기독교교육의 이론과 현장을 넘나들면서 교육과 관련된 중요한 이슈와 다양한 질문들에 대해 명쾌하게 그 답을 제시하고 있다. 이 책을 읽노라면 독자들은 '맞아. 맞아. 그렇지' 맞장구치면서 단숨에 읽게 될 것이다. 자녀를 올바르고 건강한 교육으로 기르고 싶어 하는 모든 학부모, 다음 세대를 하나님의 사람으로 세우기를 원하는 모든 목회자와 교사들, 그리고 기독교학교에 관심 있는 모든 기독교교육 학도들이 꼭 읽어야 할 필독서로 이 책을 추천한다.

길 잃은 시대, 교육의 '원형'을 회복하는 준엄한 이정표

박하식 교장(현 하나고등학교 교장, 민족사관학교 교장 역임)

오늘날 우리 교육은 거대한 혼란 속에 있습니다. 인공지능(AI)이 지식과 감성 영역까지 넘보고, 각종 이데올로기와 세속적 가치관이 학교의 울타리를 흔들고 있습니다. 무엇을 가르쳐야 할지, 아이들을 어디로 인도해야 할지 갈팡질팡하는 이때, 조형래 목사님의 『하나님이 설계하신 온전한 교육』은 가뭄 끝에 만난 단비와도 같습니다.

이 책은 단순히 한 대안학교의 운영 기록이 아닙니다. 오히려 학교라는 공간이 본래 지향해야 할 '교육의 원형'을 일깨워주는 서늘한 잠언이자, 무너진 교육 현장을 향한 예언자적인 권고입니다. 모두가 '전인교육'을 구호처럼 외치지만 그 실체를 보여주는 곳은 드뭅니다. 저자는 교육자이자 목회자로서 쌓아온 20년의 세월을 갈무리하여, 영성(聖)·지성(智)·감성(情)·덕성(意)·체력(體)이 어떻게 아이들의 삶 속에서 조화롭게 구현되는지를 명료한 실천 사례로 증명해 냅니다.

특히 AI 시대가 도래할수록 기계가 대체할 수 없는 '영성과 도덕성'이야말로 교육이 끝까지 지켜내야 할 최후의 보루임을 이 책은 분명하게 역설합니다. 시대가 변하고 기술이 진보해도 결코 변하지 않는 교육의 본질, 즉 '사람을 사람답게 빚어내는 원리'가 이 책 속에 오롯이 담겨 있습니다.

저자는 교육 현장의 야전사령관으로 불리며 지난 20년간 눈물로 씨를 뿌려 울창한 숲을 일궈냈습니다. 그 현장의 치열한 고백과 통찰이 담긴 이 책이, 방향을 잃고 방황하는 학부모와 교육자들에게는 명확한 길잡이가 되고, 다음 세대에게는 세상을 이길 힘을 주는 거룩한 도화선이 될 것이라 확신합니다. 교육의 본질을 고민하는 모든 분에게 일독을 강력히 추천합니다.

'대안'을 넘어 하나님이 그리신 '원안(Origin)'의 따뜻한 회복을 꿈꾸며

유병용 감독(기독교대한감리회 서울남연회, 브니엘교회 담임목사)

지난 20년, 아무도 가지 않은 좁은 길을 묵묵히 걸으며 저자가 흘렸을 눈물과 기도를 저는 잘 알고 있습니다. 이 책은 차가운 비판서가 아닙니다. 병들어가는 교육 현실 속에서 아파하는 다음 세대를 향한, 간절하고도 따뜻한 처방전입니다.

저자는 하나님 없는 교육으로 상처받은 이들에게, 가정과 교회, 학교가 하나 되는 '삼겹줄 교육'이야말로 진정한 치유이자 회복의 길임을 온유하면서도 담대하게 전합니다. 단순한 '대안'을 넘어, 하나님께서 처음 그리셨던 '원안(Origin)'으로 돌아가고자 하는 그의 여정이 참으로 아름답습니다.

자녀 양육으로 지치고 길을 잃은 부모님들과 교사들에게, 이 책이 따스한 위로와 새벽별 같은 소망이 되기를 소망합니다.

의미있는 길을 걸어온 저자에게 박수를 보냅니다. 그리고 이 책을 펼쳐 든 당신에게도 응원을 보냅니다. 우리는 혼자가 아닙니다. 이 책과 함께, 우리 아이들을 향한 하나님의 아름다운 꿈을 함께 회복해 갑시다. 힘내십시오!

본질을 회복시킬 교육개혁의 진정한 설계도

이정훈 목사(전 울산대 교수, 피엘교회 담임목사)

교육은 지식을 전달하는 기술이 아니라, 한 인간의 뿌리를 세우는 일입니다. 그런데 오늘 우리의 교실은 '중립'을 말하면서도, 아이들에게 삶의 뿌리를 하나님이 아니라 다른 전제들 위에 세우도록 강요하는 쪽으로 기울어져 있습니다. 그 결과는 단지 학생의 성적이나 진로의 문제가 아니라, 가치관·정체성·가정과 공동체의 질서까지 흔드는 전인적 위기로 드러나고 있습니다.

이 책이 귀한 이유는, 위기를 탄식하는 데서 멈추지 않기 때문입니다. 저자 조형래 목사님은 "교육의 주권"을 다시 붙잡아야 한다고 말하며, 그 주권이 국가 시스템이 아니라 가정과 교회가 함께 감당해야 할 거룩한 책임임을 분명히 합니다. 동시에 그 길이 낭만적 구호가 아니라, 현실 속에서 작동 가능한 구체적 모델이 될 수 있음을 차분히 보여줍니다.

특히 인상적인 대목은 '기독교 학교'가 공교육의 빈틈을 메우는 임시 처방(대안)에 그치지 않고, 하나님이 의도하신 교육의 본질(원안)을 회복하는 길이 될 수 있음을 실질적 데이터와 저자의 삶, 그리고 학교사역의 생생한 증언을 통해 설득해낸 점입니다. 값비싼 사교육에 끌려 다니지 않으면서도, 학교와 가정이 같은 비전으로 연합할 때 아이들이 배움의 주인이 되고, 가정의 삶의 질까지 회복될 수 있다는 메시지는 지금 이 시대 부모와 교회가 가장 간절히 듣고 싶었던 대답일 것입니다.

무엇보다 이 책은 독자를 '비판자'가 아니라 '건축가'로 부릅니다. 다음 세대가 흔들리는 자리에서, 교회는 다시 학교를 세울 수 있는가? 가정과 교회와 학교가 함께 아이의 영혼을 빚어갈 수 있는가? 이 책은 교육에 관한 중요한 질문들에 대해, 두려움 대신 담대한 설계도를 건네줍니다.

다음 세대를 향해 마음이 무너져 본 적 있는 모든 부모님께, 교육 때문에 기도해 본 모든 교역자와 성도님들께, 그리고 한국 사회의 내일을 진지하게 걱정하는 교육자와 정책 담당자에게 이 책을 기꺼이 추천합니다. 이 책을 덮는 순간, 우리는 더 이상 "어쩔 수 없다"는 체념이 아니라 "이제 우리가 해야 한다"는 책임의 자리로 초대받게 될 것입니다.

"대안(Alternative)을 넘어, 하나님이 설계하신 '원안(Origin)'으로의 귀환"

유근재 총장(주안대학원대학교 총장)

우리는 지금 '가장 세속적인 시대'를 살아가고 있습니다. 학교는 "하나님은 없다"고 가르치고, 세상은 성적과 스펙이 너의 주인이라고 속삭입니다. 이러한 영적 전쟁터의 한복판에서 조형래 목사님의 저서 『하나님이 설계하신 '전인교육'』은 길 잃은 교육의 현장에 들려주는 광야의 외침이자 거룩한 나팔소리입니다.

저자는 지난 20년간 '전인기독학교'라는 치열한 현장에서 교장으로서 눈물과 기도로 교육의 본질을 증명해 온 실천가입니다. 이 책은 세상의 교육이 실패했기에 선택하는 차선책으로서의 '대안(Alternative)'을 이야기하지 않습니다. 오히려 태초에 하나님께서 인간을 위해 디자인하신 교육의 '원안(Origin)'을 회복해야 함을 강력하게 선포합니다.

책 속에 담긴 성(聖)·지(智)·정(情)·의(意)·체(體)의 5가지 전인교육 원리는, 우리 자녀들을 세상의 부속품이 아닌 하나님의 형상을 입은 온전한 사람으로 길러내는 구체적인 설계도입니다. 인본주의 물결에 휩쓸려가는 다음 세대를 건져내어, 세상이 감당할 수 없는 '다니엘'과 같은 거룩한 실력자로 세우기를 갈망하는 모든 부모와 교육자에게 이 책을 강력히 추천합니다.

하나님 나라를 향한 래디컬 교육

이종필 목사(세상의빛교회 담임, 칼빈대 신대원 교수, 킹덤처치연구소 대표)

저자는 한결같다. 교육에 목숨을 건다. 기독교 학교 교육만이 답이라는 그의 래디컬한 주장은 부드러운 헌신과 하나되어 사람을 감동시킨다. 그리고 기독교 학교 교육에 헌신한 20년 현장에서 나온 경험과 다양한 연구를 통해 쌓인 성찰이 드디어 탁월한 열매를 맺었다. 그는 하나님의 나라를 꿈꾸며 자녀들의 미래, 한국교회의 앞날, 대한민국의 운명에 대해 분명한 답을 제시한다. 이것이 바로 '전인 교육'이다. 미지근해진 미션 스쿨의 현실, 세속에 물든 가정의 문제, 일주일에 한 번 예배를 '보는' 교회의 한계를 넘어 그의 본질적 원안을 따르는 기적이 대한민국 곳곳에 일어나길 기대한다.

전인교육에 뿌리 내린 나무로 자랐습니다.

조은송 변호사(미국 뉴욕주 변호사, 전인기독학교 4기 졸업생, 저자의 첫째 딸)

전인기독학교 4기 졸업생으로서, 전인교육에 인생을 바친 아버지를 지켜본 딸로서 이 책은 전인기독학교에서 12년을 보내며 지금까지 제가 배우고 확신한 모든 것을 담고 있습니다. 학교와 가정, 교회가 말 그대로 하나 되었던 저와 제 동생들의 삶이 이 책에 담긴 교육의 증거입니다. 그리고 지금도 전인기독학교 1학년부터 12학년의 후배들이 끊임없이 크고 작은 증거들이 되어주고 있습니다. 이제는 전인의 열매로서, 변호사로서, 혼란스러운 이 세상이 두렵지 않음은 전인의 따뜻한 울타리에서 제 부모님, 전인기독학교의 선생님들을 통해 온실 속의 화초가 아닌 전인교육에 깊게 뿌리 내린 나무로 자랐기 때문입니다. 어려서부터 알았던 성경 말씀에 거하는 삶을 살고자 하는 저에게 이 책은 복습서 그리고 언젠가 태어날 제 자녀를 위한 예습서입니다. 자녀가 있는 부모님들은 물론, 이미 받은 교육의 현실과 누리고 싶었던, 누렸어야 하는 교육에 대한 갈증이 있는 모든 이들이 읽으며 마음에 시원함을 누릴 수 있는 이 책을, 사랑과 존경, 감사한 마음을 가득 담아 추천합니다.

병든 대한민국,
그 뿌리에는 '하나님 없는 교육'이 있다

한국 사회의 병을 어디에서 볼 것인가?

지금 대한민국은 깊은 신음 속에 있습니다. 정치는 극단으로 갈라져 있고 교회는 신뢰를 잃어가며 가정은 해체되고 있습니다. 그래서 뉴스를 켜면 양심이 마비된 듯한 '내로남불'의 정치가 판을 치고, 세대와 가정 안의 갈등은 극에 달했습니다. 많은 사람들이 이 병리 현상의 원인을 썩어빠진 정치라고 손가락질합니다. 혹자는 타락한 종교 지도자, 특히 목회자들의 책임이라고 비판합니다. 틀린 말이 아니기에 반박이 어렵습니다. 그러나 우리는 더 근원적인 질문을 던져야 합니다.

도대체 그 문제 많은 정치인과 지도자들은 어디서 왔습니까? 그들은 하늘에서 뚝 떨어진 존재가 아닙니다. 지금 우리 사회를 이끄는 60대 이하의 리더들은 모두 대한민국이라는 거대한 공교육 시스템 속에서 길러졌습니다. 그들을 양육하고 그들의 사고방식을 형성한 주된 공간은 가정도, 교회도 아니었습니다. 그들은 생의 가장 중요한 성장기를 '학교'라는 울타리 안에서 보냈습니다.

인본주의 교육이 낳은 비극

지난 수십 년간 모든 사람이 국가가 주도하는 공교육 시스템에 20여 년 가까이 몸담으며 배운 지식의 체계는 철저히 '하나님 없는 교육'입니다.

현대 공교육의 밑바닥에는 인간이 세상의 중심이라는 '인본주의(Humanism)'와 물질이 전부라는 유물론적 사고가 깔려 있습니다. 학교에서는 지식을 가르치지만, 지식의 근본 되시는 여호와를 경외하는 법(잠언 1:7)은 가르치지 않습니다. 진화론적 세계관 속에서 인간은 우연의 산물로 전락했고, 절대적 진리가 사라진 자리에는 상대주의적 가치관이 자리 잡았습니다. "네가 느끼는 것이 곧 정답"이라는 교육은 결국 절대 선(善)인 하나님의 기준을 지워버렸습니다. 교육과정과 교과서는 점점 더 '하나님 없는 삶의 방식'을 주입합니다.

문제의 핵심은 의무교육으로 받아야하는 공교육에 있는 '사상'과 '뿌리'에 있습니다.

첫째, 진화론적 유물론입니다. 학교는 아이들에게 "너는 하나님의 형상을 닮은 존귀한 존재"라고 가르치지 않습니다. 대신 "너는 우연히 발생한 단백질 덩어리가 진화하여 원숭이를 거쳐 사람이 된 고등 동물"이라고 가르칩니다. 하나님이 배제된 과학 시간, 인간은 그저 물질에 불과한 존재로 전락합니다. 자신의 뿌리를 '우연'과 '동물'에 두는 교육을 받고 자란 세대가 생명을 경시하고, 약육강식의 논리로 정치를 하며, 물질을 신으로 섬기는 것은 어쩌면 당연한 결과입니다.

둘째, 절대 진리를 부정하는 포스트모더니즘과 인본주의입니다. 도덕과 윤리 교과서는 하나님의 절대 계명을 가르치지 않습니다. 대신 "상황에 따라 정답은 달라질 수 있다"거나 "네가 느끼는 감정이 중요하다"는 상대주의를 가르칩니다. 이것이 극단적으로 표현된 것이 최근의 급진적 성교육과 젠더 이데올로기입니다. 하나님이 정하신 남녀의 창조 질서와 가정의 가치를 가르치는 대신, 성적 자기결정권이라는 이름 아래 "네가 원하면 성별도 선택할 수 있고, 성(性)은 쾌락의 도구"라고 가르칩니다. 이런 교육을 받고 자란 세대에게 성경적 가정관은 '꼰대들의 낡은 생각'으로 치부될 뿐입니다.

셋째, 권위를 해체하는 인권 교육입니다. 대표적인 예가 학생인권 조례의 폐해입니다. 교사의 정당한 훈육조차 인권 침해로 몰아가는 교실 환경 속에서, 아이들은 권위에 순종하는 법을 배우지 못했습니다. 하나님을 경외하고, 부모를 공경하며, 스승을 존경하는 질서가 무너진 자리에는 "내 기분 상하게 하면 적으로 간주한다"는 이기적인 괴물들만 남았습니다.

이것은 단지 철학 이론이 아니라, 사실상 하나님을 대체한 새로운 '신'입니다. 성경은 이런 흐름을 이렇게 말씀합니다.

"또 그들이 마음에 하나님 두기를 싫어하매 하나님께서 그들을 그 상실한 마음대로 내버려 두사..."(로마서 1장 28)

하나님 없는 교육은, 하나님을 "불편한 존재", "굳이 필요 없는 존재"로 취급하다가 결국 "부인해도 상관없는 존재"로 만들고 맙니다.

더 무서운 것은 이 세속 교육의 물결이 교회와 신학교까지 덮쳤다는 사실입니다. 주일학교에서 1시간 말씀을 듣지만, 주중 30시간 이상 학교에서 인본주의 사상을 주입받습니다. 20년을 그렇게 산 결과를 지금 겪고 있지 않습니까?

교회는 다니지만 하나님을 믿지 못합니다. 성경에 기록된 기적을 이성적으로 난도질하고, 하나님의 말씀을 세상의 인문학이나 심리학 이론으로 대체하여 해석합니다. 신학교를 나와 목회자가 되어도 성경적 세계관보다 자유주의, 인본주의 신학이나 세상의 정치 이념에 더 깊이 물들어 있습니다. 강단에서 하나님의 공의 대신 세상의 편향된 정의를 외치는 교수들에 의해 양산된 목회자들이 있는 이유가 여기에 있습니다.

그 결과는 참혹합니다. 하나님이 배제된 교육을 받고 자란 세대는 교회에 다녀도 하나님을 두려워하지 않습니다. 양심은 하나님이 주신 거룩한 신호가 아니라, 사회적 합의에 따라 언제든 변할 수 있는 도덕 규범 쯤으로 치부됩니다. '나'의 이익이 '남'의 고통보다 우선시되는 사회, 내가 하면 로맨스고 남이 하면 불륜이 되는 이중 잣대는 바로 절대자 하나님을 잃어버린 교육이 낳은 괴물입니다.

가정의 파괴와 상실된 권위

하나님 없는 교육은 가정마저 병들게 했습니다. 성경은 자녀 교육의 일차적 책임이 부모에게 있으며, 부모를 공경하는 것이 약속 있는 첫 계명이라 가르칩니다. 그러나 학교 교육은 종종 부모의 권위보다 국가 시스템의 권위를, 하나님의 질서보다 개인의 인권보장이 더 우선이라고 가르치며 가정의 영적 질서를 흔들었습니다.

하나님이 세우신 가정의 질서와 생명의 존엄성을 배우지 못한 세대에게 이혼, 저출산, 패륜 범죄는 당연한 결과이며 시간차만 있을 뿐입니다. 창조주를 기억하지 못하는 교육 시스템 속에서 인간은 존엄한 형상이 아니라, 경쟁에서 살아남아야 할 '자원'으로 취급받았기 때문입니다.

병든 나무에 물을 준다고 열매가 달라지지 않습니다. 뿌리를 바꾸어야 합니다. 지금 우리에게 시급한 것은 제도의 개선이나 정권의 교체가 아닙니다. 다음 세대를 길러내는 '교육의 토양'을 갈아엎는 일입니다.

우리는 성경적 세계관으로 가르치는 학교 교육을 회복해야 합니다. 교회는 '성경적 세계관'으로 가르치는 학교를 세워야 합니다. 단순히 미션 스쿨에서 채플 한 번 더 드리는 수준을 말하는 것이 아닙니다.

역사를 배울 때, 역사의 주관자가 하나님이심을(His Story) 가르쳐야 합니다. 과학을 배울 때, 우주의 정교한 질서 속에 숨겨진 창조주의 솜씨를 가르쳐야 합니다. 윤리를 배울 때, 인간의 합의가 아닌 십계명과 산상수훈이 도덕의 영원한 기준임을 가르쳐야 합니다. 단순히 교회 학교에서 성경 공부 시간을 늘려야한다고 말하는 것이 아닙니다. 역사, 과학, 문학, 예술 등 모든 학문의 영역을 하나님의 관점으로 통찰하고 해석하는 교육이 필요합니다.

세상은 우연이 아니라 하나님의 섭리 가운데 창조되었음을 가르쳐야 합니다. 인간은 진화된 동물이 아니라 하나님의 형상대로 지음 받은 존귀한 존재임을 심어주어야 합니다. 자유에는 하나님 앞에서의 책임이 따름을, 그리고 정의는 인간의 합의가 아닌 하나님의 성품에서 나옴을 가르쳐야 합니다.

진정한 실력은 하나님을 아는 지식에서 나옵니다. 다니엘과 같은 지혜는 바벨론의 학문이 아니라 여호와를 경외하는 믿음에서 나왔습니다. 하나님을 두려워할 줄 아는 정치인, 성경적 양심을 가진 법조인, 기독교적 가치관으로 가정을 지키는 시민, 이들은 오직 '성경적 교육'을 통해서만 길러질 수 있습니다.

교육이 하나님께로 돌아갈 때, 비로소 정치가 바로 서고 가정이 회복될 것입니다. 교회가 회복될 것입니다. 하나님을 경외하는 의사, 성경적 정의를 고민하는 판사, 청지기 정신을 가진 기업가가 배출될 때, 이 병든 대한민국은 다시 치유될 수 있습니다.

"마땅히 행할 길을 아이에게 가르치라 그리하면 늙어도 그것을 떠나지 아니하리라" (잠언 22:6)

우리는 너무 오랫동안 자녀들의 머리를 세상 교육에 내어주고, 가슴만 교회에 붙잡아두려 했습니다. 그 결과가 지금의 병든 대한민국입니다. 저는 그런 이유로 오늘 한국사회의 문제의 원흉을 '의무교육 공교육 시스템'이라 명명하고자 합니다. 왜냐하면 사탄은 공교육 시스템을 정복하여 모든 정치, 문화, 사회, 교육, 종교에 이르기까지 정복했기 때문입니다. 이런 전제 속에 우리의 교육을 돌아보면 무엇이 문제인지, 해결방법이 무엇인지 찾을 수 있습니다.

이제라도 돌이켜야 합니다. 하나님 없는 교육이 만든 이 참담한 현실을 직시하고, 오직 말씀과 성경적 세계관으로 무장된 참된 학교와 교육 시스템을 세우는 일에 한국 교회가 사활을 걸어야 합니다. 그것만이 이 병든 땅을 고치는 유일한 해법이요 나라와 교회와 가정이 사는 길입니다.

이 책은 저의 트리니티신학대학교 목회학 박사 학위 논문 '공교육에 대한 기독교학교 교육의 대안성에 관한 질적 연구(A QUALITATIVE STUDY ON THE CHRISTIAN SCHOOL AS AN ALTERNATIVE TO PUBLIC EDUCATION)'의 내용을 바탕으로 저술했습니다.

이 책은 단순히 이론을 나열한 것이 아닙니다.

실제로 이러한 꿈을 품고 세워진 '전인기독학교'의 현장에서 일어난 생생한 변화의 기록입니다. 박사 과정 논문을 질적 연구 방법으로 준비하며 설문조사와 심층 인터뷰를 통해 부모님들의 눈물과 웃음, 그리고 변화된 삶의 고백을 하나하나 확인할 수 있었습니다. 입시 전쟁터가 아닌 하나님 안에서 행복하게 공부하는 아이들, 그리고 그 아이들을 통해 오히려 치유 받고 회복된 가정들의 이야기를 담았습니다.

여기까지 인도하신 하나님께 영광을 드립니다. 이 여정에 함께 걸어온 모든 전인공동체(교사, 학부모, 학생, 교직원, 교회와 성도)에 감사드립니다. 무엇보다 타락한 시대에 하나님의 꿈을 가지고 거룩한 일을 시작하신 김국도설립목사님과 전인교육의 철학을 제시하신 조만제교수_(한국기독청소년교육원 원장)에게 감사드립니다. 그리고 여기까지 함께 동행한 사랑하는 아내와 전인교육의 산 열매가 된 세 자녀에게 감사합니다.

지금까지 학교사역에 함께 해 주시며 부족한 원고에 추천사로 권위를 실어주시며 격려해 주신 박상진교수님, 박하식교장님, 유병용감독님, 이정훈목사님, 유근재총장님, 이종필목사님에게 감사 드립니다. 그리고 출판하기까지 원고를 검증 수정한 남수현교감선생님에게 감사의 마음을 전합니다.

바라기는 이 책이 한국교회가 다시 부흥하는 생각의 전환점이 되길 소망합니다.

사탄은 공교육을 정복했습니다.

우리는 공교육 속에서 하나님을 믿는다 하면서 믿지 않는 삶으로 만들어졌습니다.

그래서 우리는 세상에서 하나님 없는 삶을 살고 있습니다.

교회와 학교와 가정의 타락은 교육 주권 상실에서 시작되었습니다.

문제는 교육이 아니라 공교육 시스템에 빼앗긴 교육 주권입니다.

사탄에게 빼앗긴 교육 주권을 회복해야 이 땅에 회복이 있습니다.

부모의 무릎이 닳을 때,
아이의 미래가 열립니다.

부제: 길 잃은 우리 아이들, 학교가 아닌 하나님의 품으로

자녀를 둔 부모라면 누구나 한 번쯤 밤잠을 설치며 고민해 보았을 것입니다.

'우리 아이, 정말 이대로 괜찮은 걸까?'

부모의 가장 간절한 기도가 있다면 그것은 아마도 '자녀 교육'일 것입니다. 우리는 아이를 위해 기도하고, 좋은 학원을 찾고, 더 나은 환경을 만들어주려 애씁니다. 하지만 이상하게도 노력하면 할수록 불안감은 사라지지 않고, 교육의 문제는 삶의 가장 큰 짐이 되어 우리를 짓누릅니다.

과연 그 문제의 뿌리는 어디에 있으며, 해결책은 있는 것일까요?

저는 그 답을 20년간 교육의 최전선에서 경험하며 얻었습니다. 문제의 핵심은 우리 아이들이 발 딛고 있는 '공교육의 토양' 그 자체에 있음을 깨달았습니다.

우리는 너무 오랫동안 자녀들의 머리는 세상 교육에 내어주고, 가슴만 교회에 붙잡아두려 했습니다. 그 결과는 참혹합니다. 통계는 잔인할 만큼 정확하게 이 위기를 증명하고 있습니다. 최근 10년간(2013-2022) 일반 학령인구가 19% 감소할 때, 교회학교 학생 수는 무려 37%나 증발했습니다. 세상이 아이들을 빼앗아가는 속도보다 교회가 아이들을 잃는 속도가 두 배나 빠른 것입니다. 이 땅의 아이들이 영적인 '미전도 종족'이 되어가고 있습니다.

이런 참담한 결과를 되짚어 보았습니다. 성경은 자녀 교육의 권리와 책임을 국가가 아닌 '부모'에게 주셨다고 분명히 말씀합니다. 그런데 우리는 어떠했습니까? 그 거룩한 책임을 잊은 채, '국민의 의무'라는 이름으로 거대한 공교육 시스템에 아이들을 맡겨 두었습니다.

그 시스템의 교실에서는 월요일부터 금요일까지, "하나님은 없다"고 전제하는 교육이 이루어집니다. 역사를 배우지만 역사의 주관자이신 하나님(His-story)은 없고, 과학을 배우지만 우주를 설계하신 창조주는 없습니다. 인본주의와 유물론이라는 세속적 가치관 속에서 아이들은 자신도 모르게 '하나님을 거부하고 자기 자신이 우상이 되는 법'을 배웁니다.

맹인이 맹인을 인도할 수 없듯, 하나님을 배제한 교육 안에서는 그 어떤 대안을 내놓아도 아이들의 영혼을 온전히 살릴 수 없습니다. 뿌리가 병든 나무에게 가지치기만 한다고 건강한 열매가 맺히지 않는 것과 같습니다. 그렇게 가지치기만 한 결과가 끝도 없이 무너지는 가정과 텅 빈 교회입니다.

이제 우리는 용기를 내어 진짜 해결 방법을 이야기해야 합니다.

그것은 바로 이상처럼 느껴졌지만, 가장 본질적인 해답인 '가정, 교회, 학교가 하나 되는 교육'입니다. 학교가 단순히 지식만 주입하는 곳이 아니라, 가정과 교회와 함께 '성경적 세계관'이라는 하나의 언어로 연합하여 한 아이를 온전한 하나님의 사람으로 길러내는 교육의 생태계를 회복해야 합니다. 이것이 바로 '기독교 학교'가 꿈꾸는 세상입니다.

저는 이것을 공교육의 '대안(Alternative)'이 아닌, 하나님이 설계하신 '원안 교육(The Origin Education)'이라 부릅니다. 이것이야 말로 교육의 본질을 회복하는 것이기 때문입니다.

기독교 학교는 세상과 담을 쌓는 곳이 아닙니다. 오히려 성경적 세계관이라는 가장 튼튼한 기초 위에 최고의 가치를 가르치는 곳입니다. 이곳은 가정과 교회가 연합하여 아이 한 명 한 명에게 숨겨진 하나님의 소명(Calling)을 발견하게 하고, 세상을 변화시킬 글로벌 리더로 키워내는 '전인교육(Whole Person Education)'의 살아있는 현장입니다. 이 책은 영성과 지성, 감성과 덕성 그리고 체력까지 하나님의 형상으로 온전히 빚어가는 교육을 통하여 기독학교가 이 땅의 소망임을 넘어 하나님의 교육으로 충분함을 증명하고 있습니다.

1부

우리 아이,
지금 어디에 서 있습니까?

위기의 아이들,
길 잃은 부모들을 위한
현실 진단

하나님이 설계하신

'온전한 교육'

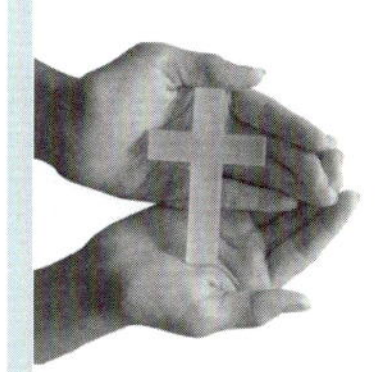

제1장

교복 입은 순례자들, 길을 잃다

부제 : 우리 아이의 영혼을 삼키는 세 가지 독

"교육은 백년지대계(百年之大計)"라는 말, 이제는 교과서 속 옛이야기처럼 들립니다. 오늘날 대한민국에서 '교육'이라는 단어는 희망보다는 한숨과 더 가까운 말이 되었습니다. 아이가 태어나는 순간부터 부모의 머릿속을 맴도는 가장 큰 화두는 '어떻게 키울 것인가'이지만, 그 고민의 끝은 늘 불안함으로 이어집니다. 그래서 젊은 부부들이 아이 낳기를 꺼려합니다.

새벽같이 일어나 무거운 가방을 메고 학교로 향하는 아이들의 뒷모습을 보며, 혹시 이런 생각해보신 적 없나요?

'저 학교가 정말 우리 아이를 행복하게 해줄까?'

'성경 말씀을 배우고 자라야 할 아이가, 세상의 가치관에 물들어 돌아오지는 않을까?'

안타깝게도 지금 우리의 공교육 현장은 하나님을 믿는 부모들에게 너무나 불편한 옷이 되어버렸습니다. 단순히 입시 경쟁이 치열해서가 아닙니다. 그보다 더 근본적인 문제, 바로 '무엇을 가르치고 있는가'에 대한 본질적인 충돌 때문입니다.

아이들은 하루의 대부분을 학교에서 보냅니다. 그곳에서 배우는 것은 단순한 국영수 지식이 아닙니다. '세상은 어떻게 만들어졌는가', '인간은 어떤 존재인가', '무엇이 성공한 삶인가'에 대한 가치관, 즉 '세계관(Worldview)'을 온몸으로 흡수합니다.

그런데 지금 학교가 아이들에게 주입하는 세계관은 어떤 모습입니까? 그것은 마치 잘 차려진 식탁에 교묘하게 섞여 들어간 독과 같습니다. 우리 아이들의 영혼을 병들게 하는 세 가지 강력한 독, 그것은 바로 '진화론적 유물론', '포스트모더니즘' 그리고 '권위의 해체'입니다.

첫 번째 독:

너는 우연히 태어난 고등 동물일 뿐이다 (진화론적 유물론)

학교는 아이들에게 "너는 하나님의 형상을 닮은 존귀한 존재"라고 가르치지 않습니다. 대신 교과서는 이렇게 속삭입니다. "이 세상은 우연한 폭발로 만들어졌고, 인간은 아메바에서 진화한 고등 동물일 뿐이다." 하나님이 배제된 과학 시간, 인간은 영혼 없는 물질 덩어리로 전락합니다. 자신의 뿌리를 '우연'과 '동물'에 두는 교육을 받은 세대가 생명을 경시하고, 약육강식의 논리로 세상을 살아가며, 물질을 신으로 섬기는 것은 당연한 결과입니다.

두 번째 독:

정답은 없어, 네 느낌이 중요해 (포스트모더니즘)

도덕과 윤리 교과서는 하나님의 절대적인 계명을 가르치지 않습니다. 대신 "틀린 게 아니라 다른 거야", "상황에 따라 정답은 달라질 수 있어"라는 달콤한 말로 절대 진리를 부정하는 상대주의를 가르칩니다. 이것이 극단적으로 나타난 것이 바로 성(性)교육과 젠더 이데올로기입니다. 하나님의 창조 질서는 '낡은 생각'으로 치부되고, 개인의 '성적 자기결정권'과 '감정'이 유일한 기준이 됩니다. 성경적 기준을 말하는 부모는 순식간에 '혐오 세력'이자 '꼰대'가 되어버립니다.

세 번째 독:

누구에게도 복종하지 마, 네 인생의 주인은 너야 (권위의 해체)

학교는 '인권'이라는 이름 아래 모든 권위를 해체하는 법을 가르칩니다. 교사의 정당한 훈육마저 '인권 침해'로 몰아가는 교실에서 아이들은 권위에 순종하는 법을 배우지 못합니다. 하나님을 경외하고, 부모를 공경하며, 스승을 존경하는 성경적 질서가 무너진 자리에는 "내 기분 상하게 하면 모두가 적"이 되는 극단적인 이기심만 남게 됩니다.

결국 하나님을 창조주로 고백하는 우리 아이들이, 월요일부터 금요일까지는 "하나님은 없다"고 전제하는 교육을 받고 있는 것입니다. 이것은 단순한 지식의 문제가 아닙니다. 영혼의 전쟁입니다. 주일에는 "하나님만이 나의 주인이십니다"라고 찬양하지만, 학교에서는 "네 인생의 주인은 바로 너 자신"이라는 가르침 속에서 살아남아야 하는 영적 분열을 겪고 있습니다.

우리의 불안감은 막연한 것이 아니었습니다. 통계는 이 전쟁의 결과를 처참하게 보여줍니다. 지난 10년간(2013~2022) 일반 학령인구는 19% 감소, 교회학교 학생 수는 그 두 배인 37%입니다. 우리 아이들은 세상의 가치관에 물드는 수준을 넘어, 아예 교회를 떠나고 있는 것입니다.

인본주의라는 거대한 흐름 속에서 우리 아이들은 '하나님 없는 삶'을 체계적으로 훈련받고 있습니다. 마치 가나안 땅 한복판에서 바알의 문화를 호흡하며 살아가야 했던 이스라엘 백성들처럼 말입니다. 과연 우리는 이대로 아이들의 영혼이 세속의 문화에 잠식되는 것을 지켜만 보고 있어야 할까요?

제2장

텅 빈 교회 학교,
무너지는 다음 세대

부제: 영적 '미전도 종족'이 된 우리 아이들

공교육의 위기는 곧바로 교회의 위기로 직결됩니다. 학교에서 하나님을 배운 적 없는 아이들이 교회마저 떠나가고 있기 때문입니다. 더욱 가슴 아픈 현실은, 이제 그 속도가 우리의 상상을 초월하고 있다는 점입니다.

한때 주일 아침마다 아이들의 찬양 소리와 웃음소리로 시끌벅적했던 교회 마당에 차가운 침묵이 흐르고 있습니다. 이것은 막연한 느낌이나 과장이 아닙니다. 통계는 잔인할 만큼 정확하게 이 영적 재난의 실태를 증명합니다.

잔인한 숫자, 침묵하는 통계

예장통합 교단의 최근 통계(2023년 발표)를 보면 가슴이 내려앉습니다. 지난 10년 사이(2013~2022), 교회학교 학생 수가 무려 37%나 사라졌습니다. 불과 10년 전 34만 명이었던 아이들이 이제는 21만 명으로 줄어든 것입니다.

"아이들이 안 태어나서 그런 것 아닌가요?"라고 반문하실 수 있습니다. 물론 학령인구 감소는 국가적 재앙입니다. 하지만 통계를 자세히 들여다보면 훨씬 더 무서운 진실이 보입니다. 같은 기간 우리나라 전체 학령인구가 19% 감소할 때, 교회학교 학생 수는 그 두 배가 넘는 속도로 추락했습니다. 이는 단순히 인구 절벽의 문제가 아니라, 교회가 세상에 아이들을 빼앗기고 있다는 명백한 '신앙 전수의 실패'이자 '영적 패배'를 의미합니다. 세상의 파도에 떠내려가는 수준이 아니라, 거대한 구멍이 뚫린 배처럼 다음 세대가 통째로 침몰하고 있는 것입니다.

팬데믹이라는 결정타

이 붕괴의 흐름에 기름을 부은 것은 코로나19 팬데믹이었습니다. 비대면 상황 속에서 온라인 예배의 편리함은 오히려 신앙의 기초가 약한 아이들에게 '교회에 가지 않아도 되는' 합법적인 명분이 되어주었습니다. 신앙의 본질보다 '습관'에 의지하던 주일 성수의 약한 고리가 끊어지자, 아이들은 다시 현장으로 돌아올 이유를 찾지 못했습니다.

주요 교단 보고서에 따르면, 한국 교회의 절반 이상(50~70%)이 이미 '주일학교 없는 교회'가 되었습니다. 영유아부가 사라진 지는 이미 오래고, 교회의 허리이자 미래인 중고등부가 아예 없는 교회가 속출하고 있습니다. 심지어 다음 세대를 위해 막대한 예산을 투자하고 최신 시설을 갖춘 대형 교회들마저 '밑 빠진 독에 물 붓기'라며 실패를 선언하고, 다음 세대에 대한 투자와 기대를 철회하는 안타까운 상황에 이르렀습니다.

가장 가까운 선교지, '미전도 종족'이 된 아이들

결국, 한국 교회 청소년·대학생 복음화율은 3% 미만으로 추락했습니다. 선교학적으로 복음화율 3% 미만은 '미전도 종족(Unreached People Group)'으로 분류합니다. 복음이 거의 전달되지 않아 자생적으로 교회가 존립하기 어려운 집단을 의미하는 이 용어가, 바로 오늘 우리 아이들의 영적 현주소를 가리키는 이름이 되었습니다.

믿기 힘드시겠지만, 지금 우리 자녀들이 매일 살아가는 학교와 학원, 친구들과 어울리는 PC방과 소셜미디어 세상이 바로 영적인 '미전도 종족 현장'이라는 의미입니다. 우리가 가야 할 가장 시급한 선교지는 지구 반대편이 아니라, 바로 우리 집 문밖, 아이들의 교실과 스마트폰 화면 속입니다. 우리는 먼 곳의 미전도 종족을 위해 기도하고 선교사를 파송하면서, 정작 우리 곁에서 영적으로 죽어가는 다음 세대는 속수무책으로 방치하고 있었던 셈입니다.

"대학 가면 교회 나갈게요."

"시험 기간이라 이번 주는 쉴게요."

아이들의 이런 말들을 우리는 너무나 쉽게 용납해 주었습니다. 어쩌면 아이들의 영혼의 안녕보다 당장의 성적표를 더 중요하게 여기는 '침묵의 동조자'였는지도 모릅니다. 하지만 더 근본적인 질문을 던져야 합니다. 왜 한국 교회는 이렇게까지 무력해졌을까요?

그 뿌리에는 세속 교육에 잠식당한 교회와 신학교가 있습니다. 지금의 목회자들과 교회 리더십 역시 지난 수십 년간 "하나님은 없다"고 가르치는 공교육 시스템 안에서 자라났습니다. 성경적 세계관보다 인본주의와 세속의 정치 이념이 더 익숙한 이들이 강단에 서고 신학교 교수가 되었습니다. 성경보다 인본주의 자유주의 신학으로 학위를 받은 자들에게 신학교육을 10여년 받은 목회자들이 교회에 직업인으로 존재합니다. 그 결과, 하나님의 절대적인 공의 대신 세상의 편향된 정의가 선포되고, 성경의 기적은 이성적으로 난도질당하며, 세속적인 성공 신화가 하나님의 축복으로 둔갑했습니다. 교회가 세상의 빛이 되기는커녕, 세상의 가치관을 분별없이 따라가는 안타까운 현실에 이른 것입니다.

167 대 1의 싸움, 이것은 방임입니다

이런 상황에서, 일주일에 단 한 시간 드리는 주일 예배만으로 우리 아이들의 신앙을 지켜낼 수 있다고 믿는 것은 순진함을 넘어선 착각입니다. 일주일은 168시간입니다. 그중 단 1시간을 하나님께 드리고, 나머지 167시간을 세상의 소리와 세속적 가치관에 무방비로 노출된 아이가 과연 믿음을 지킬 수 있을까요?

그것은 마치 167명의 중무장한 적군과 홀로 싸우는 병사에게 승리를 기대하는 것과 다르지 않습니다. 이것은 기적을 바라는 신앙이 아니라, 영적 현실을 외면하는 '방임(Neglect)'에 가깝습니다. 이제 우리는 이 처절한 현실을 직시하고, 진정한 대안을 찾아 나서야만 합니다.

그렇다면 이 절망적인 현실 앞에서 우리는 무엇을 할 수 있을까요? 아이들의 영혼이 세속 교육의 탁류에 휩쓸려가는 것을 그저 바라만 보고 있어야 할까요?

많은 크리스천 부모님들이 깊은 무력감 속에서 탈출구를 찾습니다. "이민이라도 가야 하나", "공기 좋은 시골로 내려가 대안학교라도 보내야 하나"라며 절박한 고민을 토로합니다. 자녀를 지키기 위해 삶의 터전을 옮기는 것까지 감수하려는 그 마음이 오늘 우리가 마주한 교육 현실의 비극을 보여줍니다. 하지만 문제의 해답은 단순히 더 나은 환경을 찾아 떠나는 '장소의 이동'에 있지 않습니다. 근본적인 해결책은 교육의 '주권(Sovereignty)'을 되찾아오는 것에 있습니다.

문제의 원인이 '국가가 주도하는 세속적 공교육'에 있다면, 답은 명확합니다. 교육의 주체를 바꾸는 것이 출발점입니다. 우리는 너무나 오랫동안 교육의 책임을 국가와 학교 시스템에 당연하게 위임해왔습니다. 그러나 하나님은 단 한 번도 그 책임을 국가나 학교 선생님에게 일임하신 적이 없습니다. 성경은 교육의 주체가 누구인지 분명하게 선언합니다.

"오늘 내가 네게 명하는 이 말씀을 너는 마음에 새기고
네 자녀에게 부지런히 가르치며 집에 앉았을 때에든지
길을 갈 때에든지 누워 있을 때에든지 일어날 때에든지
이 말씀을 강론할 것이며…" (신명기 6:6-7)

교육의 첫 번째 책임자는 바로 '부모'입니다. 가정은 하나님이 이 땅에 세우신 최초의 학교이며, 부모는 하나님이 직접 임명하신 최초의 교사입니다. 자녀의 세계관이 형성되는 가장 중요한 시기에, 삶의 모든 순간을 통해 하나님의 말씀을 가르칠 책임과 권한은 본래 부모에게 있었습니다. 우리가 이 거룩한 부담감을 회복하고, 빼앗겼던 교육의 주권을 다시 찾아올 때 비로소 교육의 판도는 바뀌기 시작합니다.

물론, 혼자서는 이 거대한 싸움을 감당하기 어렵습니다. 무너진 교육을 다시 세우는 힘은 '연합'에 있습니다. 성경은 "한 사람이면 패하겠거니와 두 사람이면 맞설 수 있나니 세 겹줄은 쉽게 끊어지지 아

니하느니라"_(전도서 4:12)고 말씀합니다. 교육에도 바로 이 '삼겹줄(Three-stranded cord)'이 절실히 필요합니다.

첫 번째 줄, 가정입니다. 부모가 신앙의 첫 번째 교사로서 교육의 뿌리가 되어야 합니다.

두 번째 줄, 교회입니다. 영적 울타리가 되어 진리의 말씀을 공급하고 공동체로 함께 서야 합니다.

세 번째 줄, 학교입니다. 아이들이 삶의 대부분을 보내며 구체적인 지식과 가치관을 배우는 훈련의 장입니다.

이 세 줄이 '성경적 세계관'이라는 하나의 가치관으로 단단히 꼬여 있을 때, 우리 자녀들은 세상이 감당하지 못할 거룩한 용사로 자라날 수 있습니다. 그러나 지금 우리의 현실은 어떻습니까? 가정과 교회는 한 방향을 보려 애쓰지만, 학교라는 가장 굵은 세 번째 줄이 전혀 다른 방향으로 아이들을 끌고 가고 있습니다. 단단하고 영향력이 강해진 세 번째 줄은 나머지 두 줄로 당겨오다가는 아이들의 영혼이 양갈래로 찢어질 판국입니다.

이 책은 이 끊어진 세 번째 줄을 다시 잇고, 무너져가는 교육 현장에서 희망의 싹을 틔운 '기독교 학교'의 구체적인 이야기입니다. 이것은 단순히 "우리 아이를 좋은 학교에 보내세요"라는 차원의 홍보가 아닙니다. 가정과 교회, 그리고 학교가 어떻게 하나의 '교육 공동체'로 연합해야 하는지, 부모가 자녀의 삶을 책임지는 신앙의 교사가 된다는 것은 어떤 의미인지, 그리고 그 안에서 우리 아이들이 어떻게 바벨론 한복판에서도 믿음을 지켰던 '다니엘'처럼, 탁월한 실력과 거룩한 영성으로 세상을 이기는 리더로 자라나는지를 생생하게 보여드리고 싶습니다.

절망적인 통계 속에 갇힌 우리에게 하나님이 보여주시는 '오래된 미래(An Ancient Future)'이자, 이론이 아닌 삶으로 증명된 가장 확실한 '회복의 길'입니다.

제3장

유대인은 노벨상을, 우리는 무엇을 남길 것인가?

부제: 가정과 교회, 학교가 하나 되는 '삼겹줄 교육'의 비밀

세계 인구의 고작 0.2%에 불과하지만 역대 노벨상 수상자의 22%, 미국 아이비리그 정교수의 30%를 차지하는 민족. 바로 유대인입니다. 금융, 언론, 법조계, 학문, 예술 등 현대 세계를 움직이는 거의 모든 영역에서 그들은 막강한 영향력을 발휘하고 있습니다. 전 세계 부모들이 그들의 자녀 교육법에 열광하며 '하브루타'를 비롯한 유대의 교육 방법론을 배우려 애쓰는 이유도 바로 여기에 있습니다.

도대체 그들의 경이로운 힘은 어디에서 나오는 것일까요? 정말 그들이 유전적으로 뛰어난 두뇌를 타고났기 때문일까요? 아닙니다. 수많은 연구가 증명하듯, 그 비밀은 유전자가 아닌 '교육의 원칙'에 있습니다.

유대인들에게 교육은 단순히 좋은 대학에 가거나 성공적인 직업을 얻기 위한 수단이 아닙니다. 그들에게 교육은 존재의 이유 그 자체이며, 신앙과 삶이 분리되지 않는 거룩한 행위입니다. 그것은 바로 하나님의 말씀을 자녀의 영혼에 새기는 '쉐마(Shema) 교육'입니다.

> "이스라엘아 들으라 우리 하나님 여호와는 오직 유일한 여호와이시니 너는 마음을 다하고 뜻을 다하고 힘을 다하여 네 하나님 여호와를 사랑하라... 네 자녀에게 부지런히 가르치며 집에 앉았을 때에든지 길을 갈 때에든지 누워 있을 때에든지 일어날 때에든지 이 말씀을 강론할 것이며..." (신명기 6:4-7)

이 말씀에 따라 유대인들은 수천 년간 나라 없이 세상을 떠돌면서도 '쉐마' 교육만큼은 목숨을 걸고 지켜냈습니다. 아버지와 어머니가 최초의 교사가 되어 가정에서부터 말씀과 기도를 가르쳤고, 회당(Synagogue)은 단순한 예배 장소를 넘어 다음 세대를 민족의 일원으로 키워내는 학교이자 삶의 중심이었습니다. 가정이 신앙의 뿌리를 내리게 하고, 회당(공동체)이 그 줄기를 튼튼하게 키워냈습니다. 그 결과 그들은 세상의 어떤 풍파 속에서도 정체성을 잃지 않는 탁월한 민족이 될 수 있었습니다.

끊어진 다리, 무너진 교육의 현실

이제 시선을 우리에게로 돌려봅니다. 우리 크리스천 가정의 현실은 어떻습니까?

우리 역시 부모로서 자녀가 다니엘처럼, 요셉처럼 세상 속에서 하나님께 귀하게 쓰임 받기를 간절히 기도합니다. 하지만 정작 우리 아이들이 하루 중 가장 맑은 정신으로, 가장 오랜 시간을 보내는 곳은 어디입니까? 바로 하나님을 의도적으로 배제하고, 세상의 가치관을 주입하는 공교육 현장입니다.

오늘날의 학교는 더 이상 '가치중립적'인 공간이 아닙니다. 학생인권조례와 각종 교육 관련 법규의 개정 속에서, 학교는 신앙 교육을 철저히 배제하고 있습니다. 교사가 아이들에게 "하나님이 너를 사랑하셔"라고 말하는 것이 위법이 될 수 있는 세상입니다. 심지어 복음 전파를 위해 세워졌던 수많은 기독교 사학(미션스쿨)들조차 평준화 정책과 정부의 규제 속에서 건학 이념을 잃어버리고, 입시 위주의 일반 학교와 다를 바 없는 곳이 되어가고 있습니다.

이것이 어떤 결과를 낳고 있습니까?

가정에서는 "하나님을 경외하라"고 가르치지만, 학교에 가면 "네 인생의 주인은 너"라고 배웁니다.

교회에서는 "섬기는 자가 되라"고 설교를 듣지만, 학교에서는 "밟고 올라서야 네가 산다"는 무언의 경쟁을 체득합니다.

이렇게 가정과 교회, 학교의 가르침이 서로 충돌하고 그 연결 다리가 완전히 끊어진 상태에서, 우리 아이들이 온전한 믿음의 사람으로 자라나기를 바라는 것은 모순이며 어불성설입니다. 아이들은 두 개의 다른 세계관 사이에서 혼란스러워하다 결국 더 강하고 더 오랜 시간을 보내는 세상의 가치관에 동화될 수밖에 없습니다.

저는 지난 2004년, 서울 방이동에 위치한 임마누엘교회에서 시작된 작은 학교, '전인기독학교'의 개교를 지켜보며 이 삼겹줄의 위력을 두 눈으로 목격했습니다. 당시에도 공교육의 붕괴를 걱정하며 이민을 떠나거나 '기러기 아빠'가 되는 가정이 많았습니다. 그때 교회는 질문했습니다.

"도망치는 것이 답인가? 아니면 교회가 학교를 세워 이 땅에 대안을 심을 것인가?"

교회는 후자를 택했습니다. 그리고 지난 20년의 세월은 그 선택이 틀리지 않았음을 삶으로 증명해 주었습니다.

가정과 교회, 학교가 하나의 목소리로 가르칠 때, 아이들은 입시의 노예가 아니라 시대를 이끌어갈 사명자로 자라났습니다. 성경 말씀이 모든 교과서 속에 녹아들 때, 아이들은 단편적인 지식을 넘어 세상을 통찰하는 지혜를 얻었습니다. 무엇보다 가장 놀라운 것은, 학교 문제로 고통 받던 가정이 학교 덕분에 치유되고 회복되는 기적을 목격할 수 있었다는 것입니다.

기독교 학교는 단순히 '착한 아이'를 만드는 종교 시설이 아닙니다.
이곳은 가장 탁월한 유대인의 교육을 넘어, 예수 그리스도의 생명과 성품을 품은 '진짜 실력자'를 길러내는 영적 용광로입니다. 이것은 한국 교회가 더 이상 포기하거나 미룰 수 없는 거룩한 사명이자, 다음 세대를 위한 가장 확실하고 가장 가치 있는 투자입니다.

2부

성경이 말하는 진짜 교육, 그 길을 찾다

하나님이 설계하신

'온전한 교육'

'미션스쿨'과
'기독교 학교'는 무엇이 다른가?

부제: 간판만 기독교 학교를 넘어, 본질이 기독교 학교로

"기독교 학교? 아, 미션스쿨 말하는 건가요?"

많은 분이 '기독교 학교'라고 하면, 일주일에 한 번 채플을 드리고 성경 수업이 있는 일반 사립학교, 즉 '미션스쿨'을 떠올립니다. 물론 언더우드와 아펜젤러 선교사가 세운 학교들이 그러했듯, 미션스쿨은 칠흑 같던 이 땅의 근대에 빛을 비추고 복음 전파의 전초기지로서 위대한 역사를 감당했습니다. 하지만 시대가 변하고 교육 환경이 급변하면서, 오늘날 우리가 다음 세대를 위해 세워야 할 '기독교 학교'는 과거의 미션스쿨과는 다른, 더 본질적이고 깊은 차원의 정체성을 요구하고 있습니다.

무늬만 기독교인가, 본질이 기독교인가?

학자들은 기독교 학교를 여러 유형으로 나눕니다. 설립자가 기독교인인 학교, 교회가 세운 학교, 혹은 기독교 재단의 지원을 받는 학교 등 설립 주체에 따라 다양하게 분류할 수 있습니다. 하지만 가장 중요한 구분 기준은 '누가 세웠는가'가 아니라, '무엇을, 어떻게 가르치는가'라는 교육의 내용과 본질에 있습니다.

안타깝게도 오늘날 많은 미션스쿨이 1974년 고교 평준화 정책과 정부의 끊임없는 교육 과정 제약 속에서 그 설립 정신, 즉 '건학 이념'을 잃어갔습니다. 학교 정문에는 십자가가 자랑스럽게 걸려 있지만, 정작 교실 안에서는 하나님의 창조를 부정하는 진화론과 인간이 만물의 주인이라는 인본주의를 가르칩니다. 채플 시간은 부족한 잠을 보충하거나 입시 공부를 위한 자습 시간이 되어버린 지 오래입니다. 이것은 간신히 모양만 유지하고 있는 영혼을 잃어버린 '세속 모델'일 뿐입니다.

우리가 추구해야 할 진짜 기독교 학교는 단순히 '기독교적인 색채'를 띠거나 종교 행사를 여는 학교가 아닙니다. 신앙과 학문이 물과 기름처럼 겉돌지 않고, '성경적 세계관'이라는 용광로 안에서 완전히 하나로 통합된 학교입니다. 국어, 영어, 수학, 과학 등 세상의 모든 과목을 하나님의 창조와 섭리라는 관점으로 재해석하고 가르치는 곳, 이것이 바로 우리가 회복해야 할 진정한 의미의 '통합 모델' 기독교 학교입니다.

장신대 기독교학교교육연구소 소장인 박상진 교수는 이러한 기독교 학교의 특성을 명쾌하게 네 가지 유형으로 분류했습니다. 이 분류는 지금 한국의 기독교 교육이 어디에 표류하고 있으며, 앞으로 어디를 향해 나아가야 할지에 대한 분명한 지도를 제공해 줍니다.

첫째, 교회 모델 (The Church Model): 학교인가, 교회인가?

이 유형은 학교의 본질적인 교육 기능보다 신앙 공동체로서의 종교적 특성을 지나치게 강조하는 경우입니다. 마치 일주일 내내 주일학교나 교회 수련회가 열리는 것과 같습니다. 물론 학생들의 신앙 교육은 그 어떤 모델보다 철저하게 이루어질 수 있습니다. 하지만 학교가 마땅히 감당해야 할 본래의 기능, 즉 '학문적 탁월성'을 소홀히 할 위험이 큽니다. 아이들은 평생 교회 안에만 머무는 것이 아니라, 세상 속으로 들어가 빛과 소금의 역할을 감당해야 할 사명자들입니다. 신앙과 더불어 세상의 학문과 문화에 대한 깊은 이해가 있어야 합니다. 실력이 있어야 합니다. 그래야 사명을 온전히 감당할 수 있습니다.

둘째, 세속 모델 (The Secular Model): 무늬만 기독교 학교

가장 안타깝고 가슴 아픈 현실입니다. 학교의 설립 이념은 분명 기독교 정신이었지만, 실제 교육 현장은 일반 공립학교와 전혀 다를 바 없는 경우입니다. 치열한 입시 위주의 교육, 성적 지상주의, 경쟁 중심의 분위기 속에서 사랑과 섬김, 희생과 같은 기독교적 가치는 설 자리를 잃고 맙니다. 겉포장은 '기독교 학교'인데, 내용물은 철저히 인본주의적인 성공주의로 가득 찬 '세속 학교'입니다. 이는 앞서 언급한 오늘날 대다수 미션스쿨의 현주소이기도 합니다.

셋째, 분리 모델 (The Split Model): 신앙 따로, 공부 따로

한국의 많은 미션스쿨이 이 모델에 해당합니다. 학교는 건학 정신을 지키기 위해 채플과 신앙수련회 같은 종교 활동에 열정을 쏟습니다. 하지만 그것이 전부입니다. '기독교적인 것(신앙 활동)'과 '학교적인 것(국영수 수업)'이 물과 기름처럼 완벽하게 분리되어 있습니다.

아침 예배 시간에는 창조주 하나님을 찬양하지만, 1교시 과학 시간에는 진화론을 배우고, 2교시 수학 시간에는 "하나님 없이도 세상의 모든 원리는 설명 가능하다"는 논리를 배웁니다. 이러한 이원론적인 교육은 아이들의 영혼을 분열시킵니다. 결국 아이들은 '교회 안에서의 나', '세상 속에서의 나'를 분리하는 이중적인 삶을 살아가게 됩니다.

넷째, 통합 모델 (The Integration Model): 우리가 꿈꾸는 진짜 학교

이것이 바로 우리가 지향해야 할 최종 목적지입니다. '기독교적인 것'과 '학교적인 것'이 서로 충돌하거나 분리되지 않고, 성경적 세계관 안에서 아름답게 조화를 이루며 하나로 통합된 학교입니다.

이곳에서는 신앙이 곧 실력이 되고, 공부가 곧 예배가 됩니다. 국어 시간에 문학 작품을 통해 인간의 죄성과 하나님의 구원을 배우고, 역사 시간을 통해 인류를 향한 하나님의 섭리를 깨닫습니다. 단순히 믿음 좋은 아이를 키우는 것을 넘어, 세상의 어떤 전문가와도 겨룰 수 있는 탁월한 실력과 하나님의 마음을 품은 거룩한 성품으로 세상을 변화시키는 온전한 그리스도인을 길러내는 곳, 이것이 바로 우리가 세워야 할 진짜 기독교 학교의 모델입니다.

대안(Alternative)을 넘어 원형(Origin)으로

흔히들 우리가 추구하는 학교를 '기독교 대안학교'라고 부릅니다. 무너진 공교육의 문제점을 보완하고 그것을 대체한다는 의미에서 '대안'이라는 꼬리표가 붙은 것입니다. 하지만 저는 이 표현을 조금 고쳐 부르고 싶습니다.

우리가 회복하려는 네 번째 유형, '통합 모델'은 단순히 공교육의 실패를 수습하는 땜질 처방이 아닙니다. 이것은 태초에 하나님께서 세상을 창조하시고 우리에게 가르치라 명하신 '원래의 교육(Original Education)'입니다. 세상의 지식과 하나님의 진리가 분리되지 않았던 온전한 교육의 원형을 회복하는 것입니다. 그렇기에 우리가 세워가는 학교는 '기독교 대안학교'가 아니라 '기독교 원안(Origin) 학교'입니다.

이러한 '통합 모델', 즉 '원안 교육'을 온전히 실현하기 위해, 오늘날 많은 기독교 학교들이 정부의 재정 지원과 간섭을 거부하는 '비인가 독립학교'의 길을 선택하고 있습니다.

"정부 인가를 못 받으면 대학 가는 데 불리하지 않나요?"

자녀의 미래를 걱정하는 부모님들이 가장 많이 하시는 질문이자 당연한 염려입니다. 하지만 우리는 이것을 '불리함'이라 부르지 않고 '거룩한 독립'이라고 부릅니다. 세상의 교육 과정과 인본주의 가치관과 타협하지 않고, 오직 하나님의 말씀인 성경을 최고 유일의 기준으로 삼아 다음 세대를 길러내겠다는 믿음의 선포이기 때문입니다. 그래서 우리는 스스로를 '비인가 기독대안학교'가 아니라 '기독교 독립(Independent) 학교'라고 부릅니다.

우리는 학교를 단순히 복음을 전하는 '전도(Evangelism)'의 장소로만 생각해서는 안 됩니다. 지금 우리에게 가장 시급한 사명은, 이미 믿음의 가정에서 자라나는 우리의 자녀들을 예수 그리스도를 온전히 닮아가는 '제자(Disciple)'로 길러내는 일입니다. 세상의 거센 물결에 휩쓸려 떠내려가는 존재가 아니라, 그 물결을 거슬러 올라가는 연어처럼, 하나님의 말씀을 기준으로 생각하고 행동하며 세상을 변화시키는 아이들. 그런 아이들을 길러내는 곳이 바로 교회가 세우고, 가정이 함께하는 '진짜 기독교 학교'입니다.

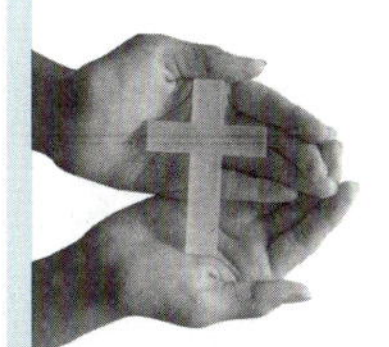

제2장

학교는 결코 중립적이지 않다

부제: 인본주의라는 가면을 쓴 거대한 무신론 교회

상담을 하다보면 종종 이렇게 말씀하시는 학부모님을 만나게 됩니다.

"학교는 공부를 가르쳐 주고, 신앙은 교회에서 배우면 되는 것 아닌가요? 학교는 종교적으로 중립적인 곳이니까요."

정말 그럴까요? 우리는 학교가 수학 공식과 영어 단어처럼 객관적인 지식만을 가르치는 '가치 중립적(Value-neutral)'인 공간이라고 믿고 싶어 합니다. 하지만 이것은 교육의 본질을 외면한 거대한 착각입니다. 교육에 있어서 완벽한 중립이란 존재하지 않습니다. 모든 교육은 "인간이란 무엇인가?", "진리란 무엇인가?", "어떻게 살아야 하는가?"라는 근본적인 질문에 답을 제시하는 과정이며, 그 답은 좋든 싫든 필연적으로 특정한 신념 체계, 즉 세계관(Worldview)을 담고 있기 때문입니다.

19세기 공장형 인간을 찍어내는 낡은 시스템

먼저 우리 아이들이 12년 동안 갇혀 지내는 공교육이라는 시스템의 뿌리부터 살펴볼 필요가 있습니다. 놀랍게도 오늘날 우리가 당연하게 여기는 학교 모델, 즉 학년별로 아이들을 나누고 정해진 시간에 종소리에 맞춰 교실을 이동하며 과목별 지식을 습득하는 방식은 18세기 산업혁명기 프로이센(프러시아)에서 시작되었습니다. 당시 급격한 산업화를 이끌던 프로이센은 국가에 절대적으로 충성하는 효율적인 군인과 규격화된 공장 노동자가 대량으로 필요했습니다. 그래서 아이들을 한 교실에 몰아넣고, 종소리에 맞춰 일제히 움직이며, 선생님이라는 권위자의 말에 무조건 순종하는 시스템을 고안해낸 것입니다.

이 시스템이 일제 강점기를 거치며 우리 땅에 고스란히 이식되었습니다.

교사에게 절대 복종하고, 교과서에 적힌 정답만을 암기하며, 옆 친구를 이겨야 내가 살아남는 무한 경쟁 구도. 이 모든 것은 아이 한 명 한 명을 하나님이 만드신 고유한 걸작품으로 대하는 교육이 아니라, 사회라는 거대한 기계의 부속품으로 만드는 '공장형 교육'입니다. 미래학자 앨빈 토플러의 말처럼, 우리는 21세기 인공지능(AI) 시대를 살아가야 할 아이들을 여전히 19세기 공장형 교실에 가둬두고 있는 셈입니다. 이 낡은 시스템 속에서 하나님이 각 아이에게 심어두신 고유한 천재성과 창의성은 '기준'이라는 획일성 아래 재단 당하며 서서히 말살되고 맙니다.

교과서가 가르치는 숨겨진 종교, 인본주의

구조적인 문제보다 더 심각한 것은 교육의 내용, 즉 그 안에 담긴 '세계관'입니다. 브래들리 히스는 그의 책『조용한 혁명(The Quiet Revolution)』에서 현대 공교육의 가장 치명적인 문제를 '하나님과의 단절(Irrelevance)'이라고 날카롭게 꼬집었습니다.

오늘날 학교는 교묘하고 세련된 방식으로 하나님을 아이들의 삶에서 지워버립니다.

역사 교과서는 수천 년의 인류사를 가르치지만, 그 역사를 주관하시는 하나님(His-story)은 존재하지 않습니다. 과학 교과서는 경이로운 우주의 신비를 펼쳐 보이지만, 그 우주를 설계하신 창조주의 이름은 언급조차 금지됩니다. 학교는 아이들의 지성과 마음에 끊임없이 이렇게 속삭입니다.

"하나님? 그런 건 교회 가서 개인적으로 찾아. 여기 현실 세계에서는 하나님 없이도 모든 것이 과학적으로 설명 가능하단다."

이것은 결코 중립이 아닙니다. 이것은 "하나님은 이 세상과 아무런 상관이 없다"고 가르치는 매우 강력하고 배타적인 무신론 교육이자, 인간의 이성을 최고의 자리에 올려놓는 인본주의(Humanism)라는 거대한 종교 교육입니다. 우리 아이들은 12년 동안 매일 아침부터 저녁까지 이 무신론적 세례를 받고 있는 것입니다.

세상의 풍조: "진리는 없다"

사탄의 전략은 정교합니다. 오늘날 학교는 '관용'과 '다양성'이라는 그럴듯한 이름으로 포장하여 "절대 진리는 없다"고 가르칩니다.

"네가 믿는 것도 진리이고, 내가 믿는 것도 진리야. 오직 예수만이 길이라고 말하는 건 독선이야."

이러한 상대주의 교육을 받은 아이들은 교회에 와서도 혼란을 겪습니다. 성경을 절대적인 하나님의 말씀으로 받아들이지 못하고, '나에게 유익하면 취하고 아니면 버리는' 하나의 옵션 정도로 생각하게 됩니다. 결국 공교육은 우리 자녀들의 영혼에 '세속적인 안경'을 씌워, 하나님을 바라보는 영적인 눈을 멀게 만듭니다.

거대한 다신주의 교회에서 탈출하라

이제 우리는 불편한 진실을 인정해야 합니다. 인본주의라는 종교를 가르치는 오늘날의 공교육은 사실상 거대한 다신주의(Polytheism) 교회와 같습니다. 창조주 하나님이 떠나신 텅 빈 왕좌에 새로운 신들이 들어섰습니다. 우리 아이들은 그곳에서 '성적'이라는 우상에게 자신의 시간을 제물로 바치고, '명문 대학'이라는 우상에게 미래를 저당 잡히며, 궁극적으로 '내 인생의 주인은 나'라는 강력한 자아 숭배의 교리를 매일 학습하고 있습니다.

이런 우상숭배 시스템 속에 아이를 무방비 상태로 방치해 두고, 주일에 교회에 나와 "우리 아이, 믿음 좋은 아이로 자라게 해 주세요"라고 기도하는 것은 영적인 자기기만이며 어불성설입니다. 이제 우리는 교육의 수동적인 소비자가 아닌, 자녀의 영혼을 책임지는 교육의 주체자로 바로 서야 합니다. 우리 자녀들의 영혼에 씌워진 '세속의 안경'을 벗겨주고, 하나님이 창조하신 진짜 세상을 올바르게 바라보게 하는 교육. 그것이 바로 기독교 학교가 필요한 절박한 이유입니다. 그리고 무너진 다음 세대를 다시 세우기 위해 이 시대 교회와 부모가 함께 감당해야 할 새로운 종교개혁입니다.

인본주의, '인간 중심'이라는 가면을 쓴 사탄의 세계관

우리가 맞서 싸워야 할 가장 강력한 적은 바로 '인본주의(Humanism)'라는 견고한 진입니다. 우리는 흔히 '인본주의'라고 하면, 인간의 존엄성을 존중하고 인류의 행복을 추구하는 따뜻하고 합리적인 사상이라고 생각합니다. 학교에서도 "사람이 중심이다", "네 인생의 주인은 너다"라고 가르칠 때, 많은 학부모는 별다른 문제의식 없이 고개를 끄덕입니다.

하지만 영적인 눈을 뜨고 그 실체를 직시하면, 이보다 더 무서운 속임수는 없습니다. 저는 단호하게 정의합니다. 인본주의는 '인간 중심'이라는 매력적인 가면을 쓴 사탄의 세계관입니다. 그 뿌리는 인류의 첫 범죄가 시작된 에덴동산까지 거슬러 올라갑니다. 뱀이 하와에게 속삭였던 치명적인 유혹의 본질이 바로 이것입니다.

> *"너희가 그것을 먹는 날에는 너희 눈이 밝아져 하나님과*
> *같이 되어 선악을 알 줄 하나님이 아심이니라."* (창세기 3:5)

하나님 없이도 인간 스스로 행복할 수 있다는 믿음, 하나님의 기준 없이도 인간 스스로 선악의 기준이 될 수 있다는 교만. 이것이야말로 오늘날 공교육 시스템 전체를 지배하고 있는 인본주의 교육의 실체이자, 가장 오래되고 강력한 사탄의 거짓말입니다.

'이성(Reason)'이라는 우상, 하나님을 지우다

에덴동산에서 시작된 이 거대한 거짓말은 18세기 계몽주의 시대를 거치며 더욱 정교하고 강력한 철학으로 체계화되었습니다. 사람들은 신앙과 계시 대신 인간의 '이성(Reason)'과 '과학(Science)'을 새로운 하나님으로 숭배하기 시작했습니다. 눈에 보이고 인간의 이성으로 증명되는 것만이 '사실(Fact)'로 인정받았고, 하나님이나 영적인 세계와 같은 초월적 진리는 증명할 수 없다는 이유로 개인적인 '가치(Value)'나 주관적 믿음의 영역으로 격하되고 밀려나 무가치한 것이 되었습니다.

학교는 이 새로운 종교, 인본주의 철학의 가장 충실한 선교 기관이 되었습니다.

교과서 모든 페이지에서 하나님을 체계적으로 지워냈습니다. 과학 시간에 생명의 신비를 배우지만 그 생명을 설계하신 창조주는 없고, 역사 시간에 인류의 흥망성쇠를 배우지만 그 역사를 주관하시는 섭리자는 없습니다. 브래들리 히스가 지적했듯, 현대 공교육의 핵심 교리는 바로 '하나님과의 단절(Irrelevance)', 즉 '하나님은 세상과 무관하다'는 것입니다.

우리 아이들은 학교에서 12년 동안 이렇게 세뇌당합니다.

"얘들아, 하나님은 교회 안에만 계시는 분이야. 수학, 과학, 경제, 정치… 우리가 살아가는 이 진짜 세상은 하나님 없이도 아주 잘 돌아간단다."

이것은 지식 교육, 지식 전달과도 같은 단순한 것이 아닙니다. 이것은 하나님의 존재를 의도적으로 배제하고 부정함으로써, 결과적으로 '하나님의 부재(不在)를 증명'하려는 거대한 교육적 프로젝트와도 같습니다.

그렇다면 하나님이 사라진 그 빈 공간은 무엇으로 채워졌을까요?
바로 '성공'과 '물질', 그리고 '나 자신'이라는 현대판 우상들입니다. 프랑스의 사상가 자크 엘룰은 이러한 현대 사회를 가리켜 "거대한 몰록(Moloch)"이라고 불렀습니다. 구약 시대 이스라엘 백성들이 당장의 성공과 풍요를 위해 자신의 자녀를 불태워 '몰록'이라는 우상에게 제물로 바쳤던 것처럼, 오늘날 우리 역시 '입시 성공'과 '사회적 출세'라는 현대판 몰록에게 우리 아이들의 영혼과 행복을 희생 제물로 바치고 있는 것은 아닌지 스스로에게 물어야 합니다.

인본주의 교육은 아이들에게 "네가 원하는 대로 하라"고 자유를 약속하지만, 그 결과는 참담합니다.

절대 진리(Truth)가 사라진 곳에 남은 것은 방향을 잃은 혼란뿐입니다. 내가 느끼는 것이 곧 답이 되는 세상에서 아이들은 길을 잃었습니다. 윤리와 도덕은 무너졌고, 공동체보다는 나의 이익이 최우선입니다. N포 세대, 혐오와 분노의 사회... 이 모든 비극이 바로 하나님을 떠나 인간 스스로 바벨탑을 쌓으려 했던 인본주의 교육이 받아든 성적표입니다.

이제, '회복의 교육'을 시작해야 할 때입니다. 더 이상 미룰 수 없습니다.

우리는 이 거대한 영적 흐름을 직시해야 합니다. 공교육의 문제는 단순히 선생님의 자질이나 낡은 입시 제도의 문제가 아닙니다. 그 밑바닥에 흐르는 '하나님을 대적하는 사상'과의 영적 전쟁입니다.

병든 뿌리에서는 결코 건강한 열매가 맺힐 수 없습니다. 사탄의 철학이 지배하는 시스템 안에서, 그저 프로그램 몇 개를 바꾸고 예산을 늘린다고 해서 우리 아이들이 살아나지 않습니다.

　이제는 판 자체를 바꿔야 합니다. 세상이 주입하는 찢어지고 왜곡된 인간상을 버리고, 하나님께서 원래 의도하셨던 그 아름다운 형상대로 아이를 온전히 길러내는 교육으로 돌아가야 합니다.

　'전인교육(Whole Person Education)'이 바로 그 회복의 시작입니다.

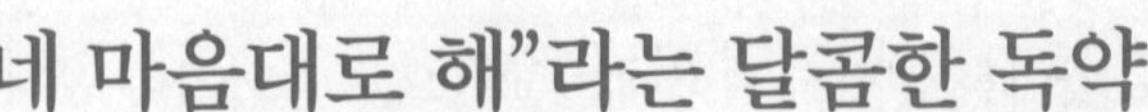

제3장

"네 마음대로 해"라는 달콤한 독약

부제: 계몽주의부터 포스트모더니즘까지, 교육은 어떻게 타락했나

"요즘 애들은 도덕관념이 없어."

"학교에서는 도대체 뭘 배우는지 모르겠어."

어른들은 종종 요즘 아이들을 보며 혀를 차곤 합니다. 하지만 이것은 단순히 아이들 개인의 문제가 아닙니다. 아이들이 배우는 학교가, 그리고 그 학교를 지배하는 교육 철학이 아이들에게서 도덕의 기준 자체를 빼앗아 버렸기 때문입니다. 언제부터 우리의 교육이 이토록 길을 잃고 방황하게 된 것일까요? 그 타락의 계보를 거슬러 올라가 보면, 하나님을 밀어내고 그 자리에 인간을 앉히려 했던 지난 300년간의 거대한 지적 반역의 흐름과 마주하게 됩니다.

1단계: 계몽주의 – "하나님 대신 인간의 '이성'을 믿어라"

그 시작은 18세기 유럽을 휩쓴 '계몽주의(Enlightenment)'였습니다. 장 자크 루소와 같은 계몽주의 사상가들은 인류에게 매우 달콤하고 매력적인 약속을 건넸습니다.

"인간은 본래 선하게 태어났다(성선설). 사회의 억압과 낡은 종교적 도그마가 인간을 타락시킬 뿐이다. 아이들을 자유롭게 놓아두면, 그들의 고귀한 이성(Reason)이 스스로를 훌륭한 존재로 이끌 것이다."

그래서 그들은 "어릴 때는 종교나 도덕 같은 인위적인 것을 가르치지 말고, 아이의 본성대로 자유롭게 놔두라"고 주장했습니다. 이는 "마땅히 행할 길을 아이에게 가르치라 그리하면 늙어도 그것을 떠나지 아니하리라"(잠 22:6)고 명하시는 하나님의 말씀과 정면으로 배치되는 길입니다. 성경은 "만물보다 거짓되고 심히 부패한 것은 마음이라"(렘 17:9)고 진단하며 인간의 전적인 타락과 죄성을 말합니다. 그러나 계몽주의는 이 진리를 정면으로 거부할 뿐만 아니라 이성 자체를 신의 자리에 앉혔습니다. 인간의 마음에는 미련한 것이 얽혀있다는 성경의 진단(잠 22:15)을 부정하고, 인간 스스로가 구원의 주체가 될 수 있다는 교만한 믿음을 교육의 중심에 세운 것입니다.

그 결과는 어땠을까요? 인간의 이성을 새로운 신으로 섬기고 하나님을 떠난 교육은, 인류 역사상 가장 끔찍한 비극인 두 차례의 세계대

전과 홀로코스트라는 광기를 막아내지 못했습니다. 가장 이성적이고 합리적이라 자부했던 독일 민족이 인류 최악의 범죄를 저지르는 것을 보며, 세상은 인간 이성의 한계와 죄성을 똑똑히 목격했습니다. 도덕과 윤리가 '사적인 신념'의 영역으로 밀려나면서, 학교는 더 이상 인격을 도야하는 곳이 아니라 지식과 기술만 주입하는 거대한 기술 훈련소로 전락했습니다.

2단계: 실용주의 – "'경험'이 진리다"

20세기 초, 미국 교육학자 존 듀이는 이 흐름에 '실용주의(Pragmatism)'라는 기름을 부었습니다. 계몽주의가 '이성'을 신의 자리에 올려놓았다면, 실용주의는 '경험'을 그 자리에 앉혔습니다.

"영원하고 절대적인 진리란 존재하지 않는다. 우리에게 지금 당장 쓸모 있고, 경험적으로 유용한 것이 곧 진리다."

이 실용주의 교육철학은 해방 이후 대한민국 교육 현장을 완전히 장악했습니다. 교실에서 선생님들은 "성경 말씀이 절대적인 진리야"라고 가르치는 대신, "일단 경험해보고 너에게 좋으면 그게 맞는 거야"라고 가르쳤습니다. '옳고 그름'의 기준은 '유용성과 효율성'의 기준으로 대체되었습니다. "나는 길이요 진리요 생명이라"(요 14:6)고 말씀하신 예수님의 절대적 진리는 부정되고, 인간의 경험이 진리를 판단하는 새로운 잣대가 되었습니다. 아이들은 하나님의 절대적인 기준을 잃어버렸고,

진리란 고정된 것이 아니라 시대와 상황에 따라 끊임없이 변하며, 심지어 '인간이 만들어가는 것'이라는 위험천만한 생각에 익숙해졌습니다.

3단계: 포스트모더니즘 – "'감정'이 곧 답이다"

그리고 지금, 우리는 '포스트모더니즘(Postmodernism)'이라는 거대한 광풍의 한복판에 살고 있습니다. 포스트모더니즘은 계몽주의의 '이성'과 실용주의의 '경험'마저 해체하고, 오직 개인의 주관적인 '감정'과 '느낌'만이 유일한 진리의 기준이라고 외칩니다.

"틀린 것은 없어, 다른 것만 있을 뿐이야."
이 말은 참으로 관용적이고 멋지게 들립니다. 하지만 사탄은 이 말을 교묘하게 비틀어 진리를 파괴하는 강력한 무기로 사용합니다.

"동성애도 틀린 게 아니라 다른 거야. 낙태도 개인의 선택일 뿐이야. 오직 예수님만이 유일한 구원의 길이라는 주장은 다른 신념을 가진 사람들에게 상처를 주는 폭력적인 생각일 뿐이야."

오늘날 학교는 '가치 명료화(Values Clarification)'라는 그럴듯한 교육 프로그램의 이름으로 아이들에게 이렇게 가르칩니다. "어떤 절대적인 도덕 기준도 없어. 네 마음이 끌리는 대로, 네가 느끼는 대로 선택해. 그게 바로 너의 정답이야." 이것은 결국 에덴동산에서 뱀이 속삭였던 "네가 하나님처럼 될 수 있다"는 약속의 완성입니다. 각 개인이 자기 인생의 신이 되어 자신의 감정에 따라 선악을 결정하는 세상. 이 광풍 속에서 성경적 기준을 말하는 부모와 교회는 시대를 읽지 못하는 '꼰대'이자, 다양성을 존중하지 않는 '혐오 세력'으로 순식간에 낙인 찍힙니다. 학교는 지금 다양성과 인권이라는 아름다운 이름으로 포장된, 하나님을 대적하는 거대한 '반(反)기독교적 바벨탑'을 쌓고 있는 것입니다.

이중생활을 강요받는 아이들의 고통

이처럼 하나님을 대적하는 교육 환경 속에서, 우리 크리스천 아이들은 심각한 영적인 분열, 즉 '영적 조현병'을 겪고 있습니다.

주일에는 교회에서 "오직 하나님만이 나의 삶의 참된 기준이십니다"라고 아멘으로 화답하지만, 월요일 아침 학교에 가는 순간부터 "세상에 기준 같은 건 없어, 네 생각이 가장 중요해"라는 가르침을 받아들여야 합니다.

이 두 개의 모순된 세계 사이에서 아이들은 극심한 혼란을 겪다가 결국 살아남기 위해 타협의 길을 선택합니다. 학교에서는 학교의 방식대로, 교회에서는 교회의 방식대로 살아가는 '영적 카멜레온', 즉 이중적인 삶을 살아가는 것입니다. 이러한 내면의 분열은 결국 신앙을 삶과 무관한 종교적 액세서리로 전락시키고, 위선적인 신앙생활로 이어지게 만듭니다. 이것이 바로 오늘날 우리 자녀들이 누구에게도 말하지 못하고 겪고 있는 소리 없는 고통의 실체입니다.

제4장

다시, 하나님을 가르치는 학교로

부제: 무너진 기초 위에 세우는 '회복의 교육'

미국 35대 대통령 존 F. 케네디는 단테의 『신곡』을 인용해 이렇게 말했습니다.

"지옥의 가장 뜨거운 곳은 도덕적 위기의 시대에 중립을 지킨 자들을 위해 예비되어 있다."

지금 대한민국 교육은 그야말로 총체적이며 도덕적인 위기의 시대를 지나고 있습니다. 학교는 '종교적 중립'이라는 허울 좋은 핑계 뒤에 숨어, 다음 세대의 영혼에서 하나님을 체계적으로 제거했습니다. 그 결과, 아이들은 옳고 그름을 분별할 절대 기준을 잃어버렸고, 삶의 목적과 방향을 알려주는 진리의 나침반 없이 망망대해를 표류하고 있습니다.

이런 영적 전쟁의 한복판에서 우리 크리스천 부모와 교회는 어떤 태도를 취해야 할까요? '교육은 학교가 알아서 할 일'이라며 여전히 '중립'을 지키는 것이 맞는 걸까요? 아닙니다. 더 이상 침묵해서는 안 됩니다. 이제는 용기를 내어 무너진 교육의 기초를 다시 세우는 '회복의 교육'을 시작해야 합니다.

교육은 결코 백지 위에 그리는 그림이 아닙니다.

우리는 교육이 진공 상태에서 이루어지지 않는다는 사실을 명심해야 합니다. 이미 특정 사상과 가치관으로 가득 채워진 치열한 사상의 격전지입니다.

누가 가르치는가? 어떤 교재로 가르치는가? 그리고 그 가르침의 뿌리에 어떤 신념과 세계관이 깔려있는가? 이 세 가지 질문의 답이 우리 아이의 영혼을 총체적으로 빚어냅니다.

만약 하나님이 온 우주 만물을 창조하셨다는 것이 진리라면, 수학 공식 하나에도 그분이 만드신 완벽한 질서가 숨어 있습니다. 만약 역사가 하나님의 주권 아래 운행되는 것이 진리라면, 역사책 한 줄에도 인류를 향한 그분의 섭리가 흐르고 있습니다. 이것을 의도적으로 삭제하고 가르치지 않는 교육은 단순히 지식의 절반만 가르치는 '반쪽짜리 교육'이 아니라, 진리의 핵심을 왜곡하는 명백한 '거짓된 교육'입니다.

그러므로 진정한 학교 개혁은 단순히 낡은 건물을 리모델링하거나, 유행하는 새로운 교육 프로그램을 도입하는 차원에서 이루어질 수 없습니다. 그것은 교육의 패러다임 자체를 바꾸는 영적 혁명이어야 합니다. 하나님께서 어두운 세상에 빛이신 예수님을 보내셨듯, 인본주의의 어둠에 잠식된 교육의 모든 영역에 다시 하나님의 진리의 빛을 비추는 것, 그것이 바로 회복의 시작입니다.

가장 행복한 아이를 만드는 단 하나의 비밀

사람은 과연 언제 가장 행복할까요? 최고의 성적을 받았을 때일까요? 남들이 부러워하는 명문 대학에 합격했을 때일까요?

성경은 인간의 행복이 다른 곳에 있다고 말합니다. 바로 자신을 만드신 창조주의 뜻대로, 창조의 목적에 맞게 살아갈 때입니다. 물고기가 물속에서 헤엄칠 때 가장 자유롭고, 새가 하늘을 날 때 가장 행복하듯, 인간은 하나님의 영광을 위해 살며 그분을 예배할 때 비로소 가장 '나답게' 존재하며 참된 기쁨과 자유를 누릴 수 있습니다.

사탄은 인간의 이 본성을 교묘하게 왜곡시켜 돈, 명예, 쾌락과 같은 헛된 우상을 섬기게 만들었습니다. 그러나 기독교 학교는 바로 이 전도된 가치를 바로잡아 아이들에게 진짜 '주인'을 찾아주는 곳입니다.

"너는 우주먼지가 우연히 뭉쳐져 태어난 존재가 아니야. 온 세상을 만드신 하나님이 너를 그분의 놀라운 형상으로 직접 만드셨고, 너 한 사람을 향한 위대하고 선한 계획을 가지고 계셔.”

이 놀라운 진리를 매일 아침 예배와 모든 교과 수업 시간을 통해 배우고 확인받는 아이들의 자존감이 어떻게 무너질 수 있겠습니까? 세상이 말하는 ‘조건부 자존감(성적, 외모, 배경)’이 아닌, 하나님의 자녀라는 변하지 않는 정체성은 세상이 주는 유혹에 결코 쉽게 흔들리지 않습니다.

밑 빠진 독이 아니라, 콩나물시루입니다

물론, 이 회복의 길은 결코 쉽지 않습니다. 국가의 막대한 지원을 받는 공교육 시스템 밖에서, 오직 교회와 부모의 헌신만으로 학교를 세우고 운영한다는 것은 현실적으로 ‘계란으로 바위 치기’처럼 보일 수 있습니다. 학부모님들 역시 주변으로부터 “남들은 다 공짜로 학교 다니는데 왜 굳이 비싼 수업료를 내며 고생을 사서 하냐”는 이해할 수 없다는 핀잔을 듣기도 합니다.

하지만 이것은 결코 밑 빠진 독에 물 붓기가 아닙니다. ‘콩나물시루’에 물을 주는 것입니다. 시루에 물을 부으면 모든 물이 순식간에 아래로 다 빠져나가는 것처럼 보입니다. 당장 눈에 보이는 변화는 없는 것 같습니다. 그러나 아무도 보지 않는 그 어두운 시루 안에서, 물 한 방울 한 방울을 머금은 콩나물은 건강하고 튼튼하게 자라납니다.

지금 우리가 눈물로 뿌리는 기도의 씨앗, 믿음으로 감당하는 헌신의 물방울들은 결코 헛되지 않습니다. 그것은 당장 눈에 보이지 않을지라도 우리 아이들의 영혼 깊은 곳에 스며들어 그들을 거룩한 다음 세대로 키워내는 생명수가 될 것입니다. 이것은 통일 한국 시대를 짊어지고 열방을 섬길 영적 리더들을 키워내는 가장 지혜롭고 확실한 투자입니다.

세상을 치유하는 학교, 거룩한 선전포고입니다.
교육 때문에 가정이 무너지고, 입시 경쟁 때문에 아이들이 스스로 목숨을 끊는 비극의 시대입니다.
역설적이게도 이 깊은 아픔을 치유할 수 있는 유일한 열쇠 역시 '교육'에 있습니다. 다만, 세상을 병들게 한 그 교육이 아니라, 하나님께서 본래 디자인하신 '회복의 교육'이어야만 합니다.

따라서 기독교 학교를 선택한다는 것은 단순히 내 아이만 좋은 환경에서 키우겠다는 이기적인 욕심이 아닙니다. 그것은 사탄에게 빼앗긴 교육의 주권을 다시 찾아와 무너진 가정을 바로 세우고, 병든 사회를 치유하며, 하나님의 나라를 이 땅에 확장하겠다는 거룩한 믿음의 선언입니다. 우리 아이들이 학교에서 참된 행복을 되찾을 때, 그 기쁨은 가정의 회복으로 이어지고, 가정의 회복은 교회의 부흥으로 연결되며, 마침내 이 나라와 민족이 새로워지는 기적을 우리는 보게 될 것입니다.

대한민국을 깨운 새벽 종소리, 기독교 학교

부제: 선교사들이 세운 학교, 그 위대한 유산

대한민국은 세계가 부러워하는 높은 교육열과 학업 성취도를 가진 나라입니다. 하지만 불과 140년 전만 해도 이 땅은 '조선'이라는 이름의 굳게 닫힌 은둔의 나라였습니다. 엄격한 신분제에 갇혀 백성의 대다수는 글을 몰랐고, 특히 여성들은 이름조차 갖지 못한 채 어둠 속에서 살아가야 했습니다.

이 절망의 어둠을 뚫고 가장 먼저 희망의 불씨를 지핀 것은 누구였을까요? 정치인도, 혁명가도 아니었습니다. 바로 복음 하나만을 들고 태평양을 건너온 푸른 눈의 선교사들이었습니다. 그들은 한 손에 성경을, 다른 한 손에 책을 들고 이 땅에 들어왔습니다. 그리고 교회를 세우는 바로 그곳에 '학교'를 세웠습니다. 1885년 아펜젤러 선교사가 세운 배재학당, 그리고 이듬해인 1886년 스크랜튼 대부인이 여성 교육의 문을 연 이화학당이 바로 그 시작이었습니다. 고종 황제는 이 낯선 서양식 학교들에 '인재를 기르는 집'이라는 뜻을 담아 직접 현판을 하사할 만큼 큰 기대를 보였습니다.

지식이 아닌, 사람을 바꾼 '개화의 엔진'

당시 선교사들이 세운 기독교 학교는 단순히 영어를 가르치거나 서양의 신문물을 소개하는 곳이 아니었습니다. 그곳은 낡은 조선의 가치관을 뿌리부터 뒤흔드는 혁명의 진원지였습니다.

"모든 사람은 하나님 앞에 평등하다!"

이 가르침은 왕족과 양반, 상놈과 노비로 나뉘어 있던 봉건적 신분제를 무너뜨리는 강력한 복음이었습니다.

"여자도 하나님의 형상을 입은 존귀한 존재이며, 남자와 동등하게 교육받아야 한다!"

이 외침은 집안에 갇혀 있어야 했던 여성들의 영혼을 해방시키는 새벽 종소리와 같았습니다. 기독교 학교는 단순한 지식 전달 기관을 넘어, 대한민국 전체를 무지와 억압으로부터 깨우고 근대화로 이끈 거대한 '개화(開化)의 엔진'이었습니다.

평양대부흥과 '일교회 일학교' 운동의 기적

선교사들이 뿌린 기독교 학교 운동의 씨앗은 1907년 평양대부흥 운동을 기점으로 민족 전체에 폭발적으로 번져나갔습니다. 부흥은 단순히 교회 안에서의 회개와 눈물로 그치지 않았습니다. 성령의 뜨거운 불을 체험한 성도들은 자신의 구원만으로는 만족할 수 없었습니다. 그들은 무지몽매한 동포들을 깨우고 민족을 살리는 길은 오직 교육에 있음을 깨닫고, 기쁜 마음으로 자신의 재산을 들여 학교를 세우고 섬겼습니다.

당시 한국 교회는 민족적 과제로서 '일교회 일학교(一敎會 一學校)' 운동을 뜨겁게 펼쳤습니다. 교회가 세워지는 곳마다 마치 쌍둥이처럼 학교가 함께 들어섰습니다. 교회는 곧 학교였고, 학교는 곧 민족의 미래였습니다. 이 시기 기독교 학교들은 지식을 전달하는 장소를 넘어, 죄로 타락한 인간을 하나님의 거룩한 형상으로 회복시키는 '영적 용광로'였습니다.

교복 입은 독립군을 길러낸 민족의 보루

그렇다면 이 거룩한 용광로에서 단련된 아이들은 훗날 어떤 사람으로 성장했을까요?

그들은 술과 담배, 노름과 우상숭배에 빠져 있던 조선 사회를 변화시키는 금주·단연 운동과 사회 계몽 운동의 주역이 되었습니다. 남녀평등과 노비 철폐를 외치며 낡은 사회 구조를 개혁하는 데 앞장섰습니다.

무엇보다 일제 강점기라는 역사상 가장 어두운 암흑의 시대에, 기독교 학교는 민족의 얼과 희망을 지키는 최후의 보루였습니다. 일제가 우리말과 글, 역사를 모두 빼앗으려 할 때, 기독교 학교는 끝까지 성경을 통해 한글을 가르치고 민족의식을 고취시켰습니다. 1919년 3월 1일, 흰 교복을 입고 태극기를 든 채 "대한 독립 만세!"를 외치며 거리로 뛰쳐나왔던 수많은 학생과 교사들이 바로 기독교 학교 출신이었습니다. 우리가 잘 아는 유관순 열사를 비롯한 수많은 애국지사가 바로 이 신앙 교육의 토양 위에서 길러진 '교복 입은 독립군'이었습니다.

다시, 그 영광스러운 유산을 이어야 할 때

이처럼 기독교 학교는 결코 '우리끼리'만의 신앙을 위한 폐쇄적인 집단이 아니었습니다. 역사가 증명하듯, 기독교 학교는 가장 암울하고 절망적이었던 시기에 나라를 살리고 민족을 구원한 '희망의 그루터기'였습니다.

그리고 지금, 우리는 또 다른 의미의 위기를 맞고 있습니다. 총칼 없는 입시 전쟁, 영혼을 좀먹는 세속 문화의 거센 확산 속에서 우리의 다음 세대가 신음하며 죽어가고 있습니다.

100년 전, 어둠의 땅 조선에 찾아온 선교사들과 믿음의 선배들이 학교를 세워 나라를 구했듯이, 이제 우리가 다시 학교를 세워야 할 때입니다. 그들의 헌신과 희생으로 우리에게 물려준 위대한 신앙의 유산과 교육의 본질을 회복하는 것, 이것이야말로 21세기를 살아가는 우리에게 맡겨진 거룩하고 시급한 사명입니다.

　기독교 학교는 결코 과거의 박물관에 전시된 유물이 아닙니다. 그것은 이 시대의 아픔을 치유하고 이 땅에 다시 한 번 영적 부흥을 일으키며, 세상을 변화시킬 가장 강력한 '미래의 대안'입니다.

제6장

성경, 애국지사들의 유일한 교과서

부제: 나라를 살린 힘은 '지식'이 아닌 성경

우리는 앞서 칠흑 같던 암흑의 시대에, 기독교 학교가 배출한 수많은 애국지사와 민족의 지도자들이 어떻게 민족의 등불이 되었는지 살펴보았습니다. 그렇다면 한 가지 근본적인 질문이 생깁니다. 도대체 그들은 학교에서 무엇을 배웠기에, 자신의 안위와 목숨까지도 기꺼이 내던지며 나라와 민족을 지키려 했을까요?

그들이 당대 최고의 엘리트였던 것은 사실입니다. 하지만 그 힘이 단순히 서양 학문을 통해 얻은 국영수 지식에서 나온 것일까요? 결코 아닙니다. 그들의 뜨거운 가슴과 불굴의 의지 중심에는, 세상의 어떤 책과도 비교할 수 없는 위대한 교과서, 바로 '성경(The Bible)'이 심어져 있었기 때문입니다.

교육(Education)이 아니라 훈련(Discipline)입니다

성경에는 오늘날 우리가 흔히 사용하는 '교육(Education)'이라는 단어가 직접적으로 많이 등장하지 않습니다. 대신 성경은 우리에게 '가르치라(Teaching)', '훈련하라(Training)', '제자 삼으라(Discipline)'는 훨씬 더 역동적이고 구체적인 동사로 명령합니다.

이것이 바로 세상 교육과 기독교 교육의 결정적인 차이점입니다. 세상의 교육(Education)은 머릿속에 지식과 정보를 채우는 것(in-form)을 일차적인 목적으로 삼습니다. 하지만 성경이 말하는 교육, 즉 제자 훈련(Discipline)은 그 지식을 삶으로 살아내도록 몸으로 익히고 체득하게 하는 것을 목표로 합니다. 머리로만 아는 신앙이 아니라, 손과 발로 살아내는 신앙을 길러내는 것입니다.

선교는 '고백'하게 하고, 교육은 '살게' 합니다

우리는 흔히 '선교(Evangelism)'와 '교육(Education)'의 역할을 혼동하곤 합니다.

어떤 사람이 눈물로 회개하며 "예수님은 나의 주님이십니다"라고 고백했다면, 그것은 성령의 위대한 역사이며 선교의 목적은 달성된 것입니다. 하지만 그것으로 끝이 아닙니다. 구원은 종착역이 아니라 새로운 삶의 출발점이기 때문입니다. 그 고백에 합당한 삶, 즉 제자의 삶을 어떻게 살아가야 하는지를 구체적으로 가르치고 훈련하는 것, 그것이 바로 '기독교 교육'의 사명입니다.

구한말 기독교 학교들은 학생들에게 단순히 예수를 믿으라고 강요하지 않았습니다. 대신 그들은 성경을 통해 예수를 믿는 사람이라면 마땅히 어떻게 살아야 하는지를 가르쳤습니다. 정직하고 성실하게 살아가는 법, 불의에 저항하는 법, 나보다 약한 이웃을 사랑하는 법, 그리고 나라와 민족을 위해 헌신하는 법을 가르쳤습니다. 즉, 머리로만 아는 신앙이 아닌 '신앙과 삶의 일치'를 날마다 훈련받은 것입니다. 그렇기에 그들은 주일에 교회 안에만 머무는 소극적인 신앙인이 아니라, 나라가 위기에 처했을 때 목숨을 걸고 태극기를 든 채 거리로 뛰쳐나갈 수 있었던 것입니다.

세상을 변화시키는 3가지 거룩한 명령

이처럼 힘 있고 역동적인 삶을 살게 하기 위해, 기독교 학교는 세상의 지식을 넘어 성경이 제시하는 핵심적인 3가지 거룩한 명령을 가르칩니다.

첫째, 문화 명령(Cultural Mandate)입니다.

"생육하고 번성하여 땅에 충만하라, 땅을 정복하라…
모든 생물을 다스리라."(창세기 1:28)

이것은 단순히 자녀를 많이 낳으라는 의미를 넘어, 우리가 살아가는 이 세상의 모든 문화와 정치, 경제, 사회, 예술의 영역 속에 하나님의 통치가 임하도록 하라는 위대한 명령입니다. 그래서 기독교 학교의 학생들은 '나의 성공'을 위해 공부하는 것이 아니라, '공부해서 남 주고, 성공해서 하나님께 영광 돌리는' 청지기적 삶을 목표로 삼습니다.

둘째, 지상 명령(Great Commission)입니다.

"그러므로 너희는 가서 모든 민족을 제자로 삼아... 내가 너희에게 분부한 모든 것을 가르쳐 지키게 하라."

(마태복음 28:19- 20)

예수 그리스도의 지상명령의 가장 핵심은 MAKE DISCIPLE - 제자를 만들라는 것입니다. 복음을 땅끝까지 이르러 전하는 일은 중요하지만 예수님의 최종목표는 예수의 사람을 만드는 것입니다. 이 명령은 영적인 훈련과 지적인 훈련을 통해 교회와 가정과 학교가 하나되어 한 사람의 제자를 만들기 위해 하나가 될 때 가능합니다. 이것이 오늘 우리에게 가장 시급하고도 중요한 사명입니다.

셋째, 가장 큰 계명(Great Commandment)입니다.

"네 마음을 다하고 목숨을 다하고 뜻을 다하여 주 너의 하나님을 사랑하라 하셨으니 이것이 크고 첫째 되는 계명이요 둘째도 그와 같으니 네 이웃을 네 자신 같이 사랑하라 하셨으니."(마태복음 22:37-39)

문화명령과 지상명령이 성취될 때 제자는 하나님을 사랑하기에 나의 영광이 아닌 하나님의 영광을 위하여 사는 삶의 목표를 가집니다. 그리고 하나님께 받은 사랑으로 이웃을 사랑하는 삶의 목표를 가지고 살아갑니다. 이것이 소명과 사명이 크로스된 십자가의 삶을 사는 그리스도인입니다.

이 세 가지 거룩한 명령을 심장에 새긴 아이들은, 비로소 공부의 목적이 '나의 이기적인 성공'이 아니라 '하나님 사랑과 이웃 사랑'이라는 더 크고 위대한 목적에 있음을 깨닫게 됩니다. 이것이 바로 시대를 섬기고 세상을 깨우는 진정한 리더가 탄생하는 비밀입니다.

가정, 교회, 학교: 무너지지 않는 삼각편대

그러나 이처럼 거대하고 위대한 여정은 결코 학교 혼자만의 힘으로 감당할 수 없습니다.

신명기 6장의 '쉐마' 말씀이 강조하듯, 신앙 교육의 첫 번째 책임은 가정에 있으며, 부모는 최초의 교사입니다. 그리고 교회는 공동체가 함께 말씀을 배우고 영적인 양식을 공급받는 영적 공급처가 되어야 합니다. 서로 다른 목소리를 낸 결과를 지금 아이들이 겪고 있는 것을 우리는 뼈저리게 겪고 있습니다.

이상적인 교육은 가정, 교회, 학교가 마치 정삼각형의 꼭짓점처럼 서로 긴밀하게 연결되어 아이라는 중심을 함께 떠받쳐 줄 때 비로소 이루어집니다. 더 중요한 것은, 이 세 개의 기둥이 모두 '성경'이라는 유일하고 견고한 반석 위에 굳건히 서 있어야 한다는 사실입니다.

만약 학교라는 기둥 하나가 인본주의나 세속적 가치관이라는 모래 위에 세워져 있다면, 그 아이의 신앙과 삶은 결코 온전하고 안정적으로 지탱될 수 없습니다. 언제 무너질지 모르는 위태로운 구조물이 될 뿐입니다.

전인(全人), 하나님의 사람을 세우다

성경이 말하는 인간상은 '전인'입니다. 바로 죄로 인해 깨어지고 망가진 존재가 '온전한 사람(Whole Person)', 즉 전인(全人)을 회복하는 것입니다.

결국, 기독교 교육이 추구하는 이 모든 것의 최종 목적지는 어디일까요?

성경이 말하는 전인교육은 인본주의 교육에서 말하는 '인성교육'을 의미하지 않습니다. 엡 4장 13절에 "우리가 다 하나님의 아들을 믿는 것과 아는 일에 하나가 되어 온전한 사람을 이루라"고 말씀하십니다. 하나님의 아들을 믿는 것과 아는 일에 하나가 된 온전한 사람을 양성하는 교육이 '전인교육' 입니다.

전인교육의 뿌리는 성경에 있습니다. 딤후 3장 16-17 "모든 성경은 하나님의 감동으로 된 것으로 교훈과 책망과 바르게 함과 의로 교육하기에 유익하니 이는 하나님의 사람으로 온전하게 하며 모든 선한 일을 행할 능력을 갖추게 하려 함이라"

성경은 교회 생활 잘하게 하는 매뉴얼이 아닙니다. 우리가 이 세상에 살아갈 때에 선한 일을 행할 능력을 겸비하게 하는 교과서입니다. 그래서 성경적 전인교육은 모든 삶의 영역에 하나님을 더하는 교육입니다. 교육과정 전반에 걸쳐 하나님의 주권을 인정하는 신앙이 기초가 되는 교육입니다. 하나님의 생각으로 듣고 말하고 성경적 세계관으로 행동하고 삶을 살아가도록 하는 교육입니다. 성경이 모든 삶과 교육의 근간을 이루고 있습니다.

그래서 지식만 뛰어나고 마음은 차가운 괴물이 아니라, 뜨거운 열정만 있고 분별력은 없는 맹신자가 아니라, 지성(Intellect)과 영성(Spirituality), 그리고 인격(Character)이 성경 말씀 안에서 조화를 이룬 사람.

타락 이전에 하나님께서 본래 의도하셨던 거룩한 '하나님의 형상'을 회복한 온전한 사람을 만드는 것.

이것이 '성경적 전인교육(Biblical Whole Person Education)'입니다. 그리고 이 교육의 실현이 무너진 대한민국의 교육을 다시 세우고, 가정과 교회, 그리고 다음 세대를 살리는 유일한 희망입니다. 그래서 기독학교이 땅의 소망입니다.

3부

기적을 만드는 학교 현장
– 전인교육의 실체

하나님이 설계하신
'온전한 교육'

제1장

아픈 사회, 병든 교실, 그리고 무너진 삼각대

부제: 사회학적 관점에서 본 기독교 학교의 절박한 필요성

오늘날 대한민국 사회를 설명하는 가장 슬프고도 익숙한 단어들이 있습니다. '헬조선', '수저 계급론', 'N포 세대'. 최근에는 인공지능 시대를 맞아 '의미를 상실한 N무(無) 세대', 언제든 대체될 수 있는 '대체 세대'라는 더욱 암울한 신조어까지 등장했습니다. 이 차가운 단어들의 뿌리를 깊이 파고 들어가 보면, 우리는 어김없이 대한민국 사회의 가장 뜨거운 상처, 바로 '교육의 고통'과 마주하게 됩니다.

끝없는 입시 지옥과 사교육비 폭탄, 교실을 공포로 몰아넣는 학교 폭력과 소리 없는 살인이라 불리는 왕따 문제까지... 우리 아이들은 인간으로서 누려야 할 최소한의 행복권마저 박탈당한 채, '성적'이라는 단 하나의 잣대로 무한 경쟁의 대열에 내몰린지 이미 오래입니다.

도대체 어디서부터, 무엇이 잘못된 것일까요? 사회 구조적인 관점에서 이 문제의 근원을 분석할 때, 우리는 가장 핵심적인 원인으로 '교육의 국가 독점'이라는 거대한 구조와 마주하게 됩니다.

무늬만 사립학교, 자율성을 상실한 교육 현장

우리나라 교육은 1974년 고교 평준화 정책이 시행된 이후, 지난 반세기 동안 거대한 획일화(Standardization)의 길을 걸어왔습니다. 국가는 '교육 평등'이라는 명분을 내세우며, 각기 다른 철학과 이념을 가진 모든 학교를 '공교육'이라는 단일한 시스템 안으로 강력하게 편입시켰습니다.

그 결과, '사립학교'라는 간판은 남았지만, 그 이름이 의미하는 '사립(Private)'의 본질, 즉 교육 철학의 고유성과 운영의 자율성은 사실상 사라졌습니다. 학교 고유의 건학 이념에 따라 자유롭게 교육 과정을 편성할 수도 없고, 그 교육 철학에 동의하는 학생과 교사를 선발할 권한도 없습니다. 사립학교는 설립 주체만 다를 뿐, 국가의 통제를 받는 국공립학교와 거의 차이가 없는 존재가 되어버린 것입니다.

이러한 국가 주도의 획일화 정책이 특히 기독교 학교들에게 입힌 타격은 치명적이었습니다.

성경을 가르치려 하면 곧바로 '종교 편향'이라는 비난과 법적 제재에 직면해야 하고, 기독교적 가치관에 기반한 인성 교육을 실천하려

하면 '학생인권조례'와 같은 제도적 장벽에 부딪혀 좌절해야만 했습니다. 결국 오늘날 대다수의 미션스쿨들은 그 설립 이념을 포기하고 신앙 교육을 최소한의 종교 행사로 축소시킨 채, 그저 SKY 합격률을 높이는 데 혈안이 된 '입시 위주의 준(準)공립학교'로 전락하였습니다.

다리가 부러진 의자, 사회를 병들게 하는 무너진 삼각대

이러한 공교육의 획일화와 세속화는 학교 현장을 넘어 사회 전체의 구조를 병들게 하는 더 큰 문제를 낳았습니다. 바로 한 사회의 건강성을 유지하는 가장 기초적인 교육 공동체, 즉 '가정-교회-학교'라는 교육의 삼각 연대가 완전히 무너져 내린 것입니다.

한 아이의 온전한 교육은 마치 다리가 세 개 달린 의자(삼각대)와 같습니다. 가정이라는 다리가 정서적 안정감과 기본적인 인성을, 교회(혹은 건강한 지역 공동체)라는 다리가 영적·도덕적 가치관을, 그리고 학교라는 다리가 사회적 관계와 지식을 가르치며 균형을 이룰 때, 비로소 아이의 존재를 온전하고 안정적으로 떠받칠 수 있습니다.

그런데 지금 우리의 상황은 어떻습니까? 가정과 교회는 '하나님 사랑'이라는 가치를 가르치려 하지만, 아이가 삶의 가장 많은 시간을 보내는 '학교'라는 가장 길고 굵은 다리가 "성적이 하나님이다"라는 전혀 다른 방향을 향해 뻗어 있습니다. 다리 하나가 완전히 부러지거나 길이가 다른 의자에 앉은 아이가 어떻게 평안할 수 있겠습니까? 아이들의 내면이 불안과 혼란으로 가득 차고, 인성이 비뚤어지며, 삶의 총체적인 균형을 잃어버리는 것은 사회학적으로 봐도 당연한 결과입니다.

교육의 붕괴는 곧 사회의 붕괴입니다

교육이 병들면, 그 교육을 받고 자라난 사람들이 만들어가는 사회 역시 병들 수밖에 없습니다.

오늘날 우리 사회에 만연한 극단적 이기주의, 생명 경시 풍조, 세대와 이념을 가리지 않는 증오와 갈등은 결국 '사람'을 길러내지 않고 '입시 기계'를 길러낸 지난 수십 년간의 잘못된 교육이 우리에게 보내는 고통스러운 청구서입니다.

인성 교육의 총체적 부재는 교실을 약육강식의 정글로 만들어 학교 폭력을 낳았고, 성경적 세계관의 부재는 아이들에게서 삶의 목적과 의미를 앗아가 정체성의 혼란을 야기했습니다. 브래들리 히스의 지적처럼, 현대의 공교육은 더 이상 사회의 병리 현상을 치유하고 미래의 희망을 키워내는 곳이 아니라, 오히려 사회의 문제를 확대하고 재생산하는 거대한 공장이 되어버렸습니다.

새로운 '교육 생태계'를 위한 거룩한 저항

이제 우리는 선택해야 합니다. 국가가 정해준 획일적인 시스템 안에서 우리 사회와 다음 세대가 함께 병들어가는 것을 그저 지켜볼 것인가, 아니면 이 시스템에 균열을 내고 새로운 대안을 만들 것인가.

바로 이 지점에서, 사회학적 관점으로 볼 때 기독교 학교는 단순히 특정 종교 교육을 하는 곳이 아닙니다.

그것은 국가가 독점해 온 교육 권력을 본래의 주인인 부모와 민간의 영역으로 되돌려주는 교육 자치 운동이자 '시민 사회 운동'이며, 경쟁과 획일주의 속에서 무너진 가정과 공동체를 회복시키는 '사회 회복 운동'입니다.

가정과 교회와 학교가 다시 성경적 가치관이라는 하나의 목표 아래 건강한 삼각대를 이룰 때, 우리 아이들은 비로소 깊은 내면의 안정감을 되찾고 온전한 인격체로 성장할 것입니다. 그리고 그 안에서 자라난 건강하고 책임감 있는 시민들이, 바로 분열과 갈등으로 병든 한국 사회를 치유할 유일한 백신이 될 것입니다. 이것이 바로 우리가 시대의 흐름을 거슬러 기독교 학교를 세우고 지켜내야만 하는 절박하고도 중요한 사회적 이유입니다.

제2장

구슬이 서 말이라도 꿰어야 보배입니다

부제: 찢어진 교육을 꿰매는 유일한 실, 기독교 학교

우리 속담에 "구슬이 서 말이라도 꿰어야 보배"라는 말이 있습니다. 아무리 귀하고 값진 구슬이라도 흩어져 있으면 그 가치를 제대로 발휘하지 못하고, 하나의 실로 정교하게 꿰어질 때 비로소 영롱하게 빛나는 목걸이가 된다는 지혜입니다.

지금 우리 아이들의 삶을 가만히 들여다보면, 바로 이 흩어진 구슬들의 모습과 같습니다. 가정에서 부모님과 나누는 사랑의 삶, 교회에서 배우는 거룩한 신앙, 그리고 학교에서 쌓는 세상의 공부. 이 세 가지 구슬은 아이의 인생에서 무엇 하나 버릴 수 없는 소중한 보석들입니다. 그래서 이 귀한 구슬들이 각자의 구실을 잘 할 수 있도록 잘 꿰어야 합니다.

세 개의 세계, 세 개의 언어

교회에서는 강대상에서 선포되는 말씀을 통해 "하나님을 경외하는 것이 지혜의 근본"이라고 배우지만, 월요일 아침 학교 교문을 들어서는 순간부터 "성적이 너의 신이고, 명문대가 너의 하나님이다"라는 냉혹한 현실과 마주합니다.

가정에서는 부모님을 통해 "네 이웃을 네 몸과 같이 사랑하라"고 배우지만, 학교와 학원에서는 "옆 친구를 이겨야 네가 산다"는 치열한 생존 경쟁의 법칙을 체득합니다.

이렇게 서로 다른 세 개의 세계에서, 서로 다른 세 개의 언어로 파편화된 가르침을 받는 아이들의 내면은 어떻게 될까요? 아이들은 극심한 혼란 속에서 가치관의 분열을 겪습니다. 결국 살아남기 위해 '상황에 맞는 가면'을 쓰는 법을 선택합니다. 교회에서는 경건한 신앙인의 가면을, 학교에서는 실력 있는 경쟁자의 가면을 쓰는 것입니다. 신앙 따로, 공부 따로, 인격 따로인 삶. 이러한 영적 분열은 결국 신앙을 삶과 무관한 종교 활동으로 전락시키는, 능력 없는 '이중적인 그리스도인'을 만들어낼 뿐입니다.

흩어진 구슬을 꿰는 유일한 실, 성경적 세계관

이 흩어진 구슬들을 하나로 꿰는 유일한 실은 바로 '기독교 학교'입니다.

기독교 학교는 가정과 교회, 그리고 학교라는 세 개의 구슬을 '성경적 세계관'이라는 강력하고 일관된 하나의 실로 연결합니다. 이곳에서는 더 이상 배움의 목적이 분리되지 않습니다. 수학 문제를 푸는 이유가 하나님의 창조 질서를 발견하는 경이로움이 되고, 친구의 무거운 짐을 함께 들어주는 것이 점수를 얻기 위한 봉사가 아니라 살아있는 예배가 됩니다. 신앙과 삶, 배움과 인격이 비로소 하나가 되는 것입니다.

우리가 그동안 놓치고 있었던 진리의 근본이 있습니다. 교육의 최종 주권은 국가나 학교 시스템에 있는 것이 아니라, 오직 만물의 창조주이신 하나님께 있다는 사실입니다. 그리고 하나님은 그 신성한 권한과 책임을 다른 누구도 아닌 '부모'에게 위임하셨습니다.

하지만 지금의 거대한 공교육 시스템은 다양한 명분과 제도를 통해 부모에게서 이 거룩한 선택권을 사실상 박탈해 갔습니다. 획일화된 입시 교육과 거역할 수 없는 세속적인 가치관의 흐름 속에서, 부모들은 자녀 교육의 주체자가 아니라 그저 비싼 학원비를 결제하고 자녀의 성적표에 한숨짓는 수동적인 후원자로 전락시켰습니다.

마지막 골든타임, 부모가 움직여야 합니다

이제 우리가 다시 일어서야 합니다. 다음 세대가 완전히 침몰하기 전에, 우리가 붙잡아야 할 마지막 골든타임입니다.

기독교 학교를 선택한다는 것은 단순히 "우리 아이 공부 좀 더 잘 시켜보자"는 이기적인 교육열의 차원이 아닙니다.

이것은 세상에게 빼앗겼던 교육의 주권을 하나님께로 되찾아오는 '거룩한 독립운동'이라 생각합니다.

하나님 없는 공교육의 폐해 속에서 신음하는 내 자녀를 건져내어, 하나님께서 본래 의도하신 거룩하고 온전한 사람으로 세우겠다는 부모의 '믿음의 선포'입니다.

한국 교회의 미래는 어디에 있습니까? 답은 이미 나와 있고, 사실 우리는 모두 알고 있습니다. 한국 교회의 미래는 더 크고 화려한 교회 건물에 있지 않습니다. 더 많은 교인 수에 있지도 않습니다. 한국 교회의 미래는 바로 지금 자라나는 다음 세대, 그들의 심장과 영혼 속에 어떤 세계관이 심기느냐에 달려 있습니다.

그런 의미에서 기독교 학교는 단순히 여러 선택지 중 하나가 아닙니다. 이곳은 한국 교회를 살리고, 무너진 가정을 회복하며, 다음 세대의 영혼을 구원할 마지막 보루이자 유일한 희망입니다.

이 외침에 이런 반문을 할 것입니다.

"그래, 기독교 학교가 필요하다는 건 알겠습니다. 하지만 그게 이 치열한 대한민국 현실에서 정말 가능할까요?"

"사교육 없이 입시 공부도 제대로 안 시키고 어떻게 대학을 간다는 말입니까?"

"스마트폰도 없이 산속에서 공부만 하는 아이들이 과연 정말 행복해할까요?"

아직 많은 의구심과 염려가 들 것입니다. 당연합니다. 한 번도 가보지 않은 길이기에 두렵고 불안한 것이 사실입니다.

그래서 이제부터는 이론과 당위성을 넘어, 지난 20년 동안 이 좁은 길을 먼저 걸어온 '전인기독학교'의 생생한 이야기를 들려드리려고 합니다. 이것은 책상에서 쓰인 이론이 아니라, 아이들과 교사, 그리고 학부모들의 땀과 눈물로 증명된 기적 같은 현장의 목소리입니다. 성경적 세계관으로 아이들을 가르쳤더니, 그들의 삶과 가정에 어떤 놀라운 변화가 일어났는지, 이론이 아닌 실제요, 가능성을 넘어 충분함을 증명하는 현장의 목소리입니다.

제3장

대안(Alternative)을 넘어 원안(Origin)으로

부제: 전인기독학교가 걸어온 20년의 실험, 그리고 증명

"과연 될까요?"

"이 살벌한 입시 위주의 대한민국에서 정말 그런 성경적인 교육이 가능할까요?"

지난 2004년, 서울 송파구에 위치한 임마누엘교회에서 '전인기독학교'가 첫 문을 열었을 때, 기대와 격려보다는 의심과 우려가 섞인 질문을 더 많이 받았습니다. 그도 그럴 것이, 우리가 가려는 길은 다른 모든 사람이 달려가는 넓고 평탄한 길이 아니었기 때문입니다. 모두가 사교육에 목숨을 거는 시대에 '사교육 없는 학교'를 선언하고, 세상의 성공 공식이 아닌 하나님의 성품을 먼저 가르치겠다니, 어떤 이들의 눈에는 무모하고 현실 감각 없는 이상주의자처럼 보였을지도 모릅니다.

하지만 우리는 흔들리지 않았습니다. 우리에게는 분명한 확신이 있었습니다.

공교육 시스템이 속수무책으로 무너지고 가정이 해체되는 이 암울한 시대에, 잠시 길을 잃고 헤맸던 우리가 돌아가야 할 단 하나의 길이 있다면, 그것은 바로 하나님께서 태초에 디자인하신 '원래의 교육(The Origin Education)', 그 본질을 회복하는 것뿐임을 믿었기 때문입니다.

정말 공교육의 대안이 될 수 있는가?

그래서 우리는 지난 20년간 광야와 같은 교육 현장에서 스스로에게 끊임없이 질문하고, 우리의 삶과 교육의 결과로 그 답을 증명해왔습니다.

'인본주의와 무신론이라는 거대한 홍수 속에서, 기독교 학교라는 작은 방주가 과연 아이들을 지켜내고 실력과 영성을 겸비한 인재로 길러낼 수 있을까?'

20년이 지난 지금, 결론부터 말씀드립니다. "그렇습니다. 그리고 우리가 상상했던 그 이상입니다." 세상의 방식이 아니어도, 아니 세상의 방식이 아니었기에 오히려 가능했습니다. 대학 입시 결과에 있어서도 하나님의 교육으로 충분함을 넘어 더 나은 결과를 확인했습니다.

우리는 학교가 단순히 지식을 주입하는 공장이 아니라, 가정과 교회가 하나 되어 아이의 영혼이 자유롭게 숨 쉬고 성장하는 '교육 생태계'가 될 때 어떤 놀라운 일이 벌어지는지를 지금도 매일 목격하고 있습니다. 아이들은 성적과 등수라는 무거운 족쇄에서 풀려나 비로소 자신의 존재 가치를 깨닫게 되었습니다. 그리고 하나님이 각자에게 주신 고유한 소명을 발견하고, 그 꿈을 이루기 위해 누가 시키지 않아도 스스로 책상에 앉아 공부하는 '진짜 실력자'로 변화되었습니다.

무엇을 가르쳐야 하는가? - 5가지 보석, 전인교육

우리가 지난 20년간의 실험을 통해 찾아낸 해답은 바로 '성경적 전인교육(Biblical Whole Person Education)'입니다.

세상은 아이를 '성적'이라는 단 하나의 편협한 잣대로 평가하고 줄 세우지만, 성경은 사람을 그렇게 바라보지 않습니다. 성경은 사람을 지(智)·정(情)·의(意)·체(體), 그리고 그 모든 것을 아우르는 영성(聖)이 통합된 온전하고 입체적인 존재로 바라봅니다.

머리(지식)만 비대해지고 마음은 차가운 괴물이 아니라, 따뜻한 가슴(감성)을 가진 사람. 가슴만 뜨겁고 실천할 능력이 없는 몽상가가 아니라, 부지런한 손발(의지)을 가진 사람. 의지만 앞서고 쉽게 지치는 연약한 존재가 아니라, 건강한 몸(체력)을 가진 사람. 그리고 이 모든 것의 기초가 되는, 깨어 있는 영혼(영성)을 가진 사람.

이 다섯 가지 영역이 어느 한쪽으로 치우치지 않고 균형 있게 자라날 때, 우리 아이들은 비로소 세상이 감당할 수 없는 다니엘과 요셉 같은 거룩한 영향력을 지닌 리더로 성장합니다. 이것은 결코 책상에 붙어 있는 이상적인 구호가 아닙니다. 매일 새벽을 깨우는 예배부터 늦은 밤 기숙사에서 친구들과 함께하는 삶의 나눔까지, 학교의 모든 교육 과정 속에 이 5가지 영역을 세공하는 실제적인 훈련이 치밀하게 녹아 있습니다.

가정은 어떻게 변화하는가? - 가장 큰 기적

지난 20년간 우리가 목격한 기독교 학교의 가장 크고 놀라운 기적은, 아이들의 성적이 오르고 좋은 대학에 진학한 것이 아니었습니다. 그것은 아이의 변화가 곧 부모의 변화로, 그리고 가정 전체의 회복으로 이어진다는 점이었습니다.

"아이 때문에 어쩔 수 없이 보냈는데, 오히려 부모인 제가 더 큰 은혜를 받고 변화되었습니다."

이것은 인터뷰에 참여한 많은 학부모의 공통된 고백이었습니다. 학교의 교육 철학을 통해 부모가 먼저 세상적인 자녀관을 내려놓고 성경적인 부모의 역할을 회복하게 됩니다. 부모가 변하자 가정이 살아나고, 건강해진 가정들이 모여 침체되었던 교회가 다시 활력을 얻는 놀라운 선순환이 일어나는 것. 이것이 바로 우리가 지난 20년간 눈물로 확인한, 교육을 통해 가정을 회복시키시는 하나님의 역사이자 우리가 꿈꾸는 진정한 교육의 열매입니다.

이 책은 '보고서'가 아닌 '고백이고 간증'입니다

지금부터 여러분께 들려드릴 이야기는 책상 위에서 아름답게 쓰인 교육 이론이나 성공 사례 보고서가 아닙니다.

이것은 지난 20년 동안 광야와 같은 교육 현장에서 교사와 학부모, 그리고 학생들이 함께 울고 웃으며 온몸으로 써 내려간 생생한 삶의 기록입니다. 설문조사와 심층 인터뷰를 통해 확인한 차가운 객관적인 데이터이자, 동시에 그 숫자 너머에서 일하신 살아계신 하나님의 역사하심에 대한 뜨거운 간증입니다.

이 땅의 무너진 교육 현실 앞에서 길을 잃고 절망하고 계신 모든 부모님들께, 이 작은 학교의 이야기가 '우리에게도 길이 있다'는 희망의 증거가 되기를 간절히 바랍니다. 그리고 더 많은 교회가 다음 세대를 살리기 위해 학교를 세우는 거룩한 꿈을 함께 꾸게 되기를 소망합니다.

제4장

눈물로 심은 씨앗,
20년의 숲이 되다

부제: 전인기독학교 설립 이야기와 교육 철학

2000년대 초반, 대한민국 교육계는 그야말로 방향을 잃은 '혼돈' 그 자체였습니다. 오랜 군사정권이 끝나고 민주화의 열망이 분출되면서, 교육 현장 역시 급격한 변화의 소용돌이에 휩싸였습니다. 교권은 땅에 떨어졌고, 교실은 서열화된 입시 전쟁터로 변했으며, 한편에서는 전교조를 중심으로 한 교사들의 편향된 이념 교육이 아이들의 가치관을 뒤흔들고 있었습니다.

불안한 현실 앞에서 수많은 크리스천 부모들은 깊은 절망에 빠졌습니다.

"이런 환경에서 내 아이의 신앙을 지킬 수 있을까?"

"차라리 모든 것을 포기하고 이민을 가야 하나? 아니면 기러기 아빠가 되어서라도 아이만 유학을 보내야 하나?"

실제로 가정의 해체를 감수하면서까지 아이들을 이 땅의 교육 시스템에서 탈출시키려는 '교육 엑소더스(Exodus)' 행렬이 줄을 이었습니다. 다음 세대가 뿌리째 뽑혀나가는 위기의 순간이었습니다.

교회의 눈물, 교육의 방주를 짓다

그 무렵, 서울 송파구 방이동의 임마누엘교회를 섬기던 김국도 목사님은 깊은 고민에 빠질 수밖에 없는 현실을 마주하게 되었습니다. 매주 강단에서 말씀을 전했지만, 성도들의 삶, 특히 자녀 교육 문제 앞에서 신앙이 무력해지는 모습을 보며 목회자로서 깊은 고뇌에 빠졌기 때문입니다. 주일이면 교회 주차장을 가득 메웠던 성도들의 가정에서 들려오는 신음소리를 더 이상 외면할 수 없었습니다.

"하나님, 이 아이들을 교회가 책임져야 하지 않겠습니까? 세상 교육이라는 거대한 홍수에 휩쓸려 떠내려가는 성도들의 가정을 위해, 교회가 직접 교육의 방주를 짓게 하여 주십시오."

한 목회자의 그 간절한 기도가 씨앗이 되어, 마침내 2004년 '전인기독학교(Whole Person Christian Academy)'가 태동했습니다. 국가의 재정 지원도, 교육부의 인가도 없는 척박한 땅이었습니다. 그러나 '교회가 다음 세대의 교육을 온전히 책임진다'는 단 하나의 비전으로 시작된 거룩하고 담대한 도전이었습니다.

사명(Mission): 세상을 변화시키는 다니엘을 꿈꾸다

전인기독학교의 존재 이유는 처음부터 분명했습니다. 단순히 좋은 대학을 많이 보내는 소위 '명문 학교'가 되는 것이 결코 우리의 목표가 아닙니다. 우리의 사명 선언문(Mission Statement)은 학교의 존재 이유를 이렇게 고백합니다.

"성경적 세계관 중심으로 최고의 가치 있는 교육과 훈련을 통하여 개개인의 소질을 계발하고 전인적(성, 지, 정, 의, 체) 실력을 갖춘 영향력 있는 글로벌 지도자를 양성하여 세상과 문화를 변화시켜 하나님을 영화롭게 하는 삶을 살게 한다."

우리는 우리 아이들이 세상의 가치관에 안주하며 '나 혼자 잘 먹고 잘 사는' 소시민으로 자라기를 원하지 않습니다. 온갖 우상과 세속 문화가 가득했던 바벨론의 한복판에 서 있었지만, "뜻을 정하여 왕의 음식과 그가 마시는 포도주로 자기를 더럽히지 아니하리라"(단 1:8)고 결단했던 다니엘과 그의 세 친구처럼, 세상의 문화를 두려워하지 않고 오히려 그것을 거룩하게 변혁시키는 영향력 있는 리더로 자라나기를 꿈꿉니다.

이 거룩한 사명을 이루기 위해, 우리는 실력(Competence)과 영성(Spirituality)이라는 두 개의 큰 축을 학교의 목적으로 세웠습니다. 어느 한쪽 날개만으로는 결코 높이 날 수 없기 때문입니다.

능력 있는 그리스도인 양육 (Nurturing Competent Christian)

실천하는 지성인 육성 (Developing Practical Intelligence)

민족의 지도자 배출 (Instilling Patriotism)

세계적인 인물 배양 (Cultivating Influential Global Leader)

이 네 가지 목적을 달성하기 위해, 학교는 다시 네 가지 구체적인 교육 목표를 설정하고 모든 교육 과정을 여기에 집중합니다.

온전한 신앙교육 (Biblical Christian Education)

성경이 모든 지식과 학문의 기초임을 가르칩니다.

미래 역사의 주인 의식 (Lordship of Future Generation)

통일 한국과 열방을 품는 거룩한 리더십을 훈련합니다.

재능의 전문화 (Talented-Skilled Person)

하나님이 각자에게 주신 고유한 달란트를 최고 수준으로 계발합니다.

건강한 전인 양성 (Healthy Modern People)

영혼뿐 아니라 육체와 정서가 균형 잡힌 건강한 사람으로 기릅니다.

이것은 결코 액자 속에 걸려 있는 아름다운 구호가 아닙니다. 매일 새벽을 깨우는 예배, 각 교과 수업, 방과 후 활동, 그리고 24시간 공동체 생활이 이루어지는 기숙사에 이르기까지, 학교의 모든 시스템은 바로 이 목표를 향해 정밀하게 정조준되어 있습니다.

가치(Value): 우리가 결코 타협하지 않는 4가지 원칙

지난 20년을 지나며 수많은 유혹과 어려움 속에서도 우리가 곁눈질하지 않고 한 길을 걸어올 수 있었던 힘은, 그 무엇과도 바꿀 수 없는 네 가지 핵심 가치를 굳게 붙들었기 때문입니다.

성경적 관점의 온전함

모든 교과목을 기독교 세계관으로 재해석하여 가르칩니다. 수학 공식 하나에서 하나님의 창조 질서를 발견하고, 역사 사건 하나에서 인류를 향한 하나님의 섭리를 발견하게 합니다.

영향력 있는 리더십 군림하고 지배하는 세상의 리더십이 아니라, 예수님처럼 섬김을 통해 세상을 이끄는 '서번트 리더십(Servant Leadership)'을 몸으로 배웁니다.

최고와 최선의 교육 하나님께 드리는 것은 언제나 최고, 최선이어야 하기에, 교사들은 아이들에게 탁월한 교육을 제공하기 위해 끊임없이 연구하고 헌신합니다.

 교육의 삼겹줄인 가정, 교회, 학교가 한목소리를 내며 아이를 함께 키울 때 온전한 교육이 가능하다는 믿음을 굳게 지킵니다.

전인기독학교는 완벽하지 않습니다. 하지만 '하나님이 원하시는 학교'가 되기 위해 매일 거룩한 몸부림을 치는 학교입니다. 세상의 성공이라는 거대한 골리앗 앞에서 두려워 떠는 대신, 다윗의 물맷돌을 아이들의 손에 쥐여주며 "너는 하나님의 사람이야!"라고 담대하게 외쳐주는 학교입니다.

제5장

아이의 영혼을 빚는 5가지 보석, 전인교육

부제: 성(聖)·지(智)·정(情)·의(意)·체(體)의 온전한 조화

"전인교육(全人敎育)이라니, 너무 뻔한 이야기 아닌가요?"

오늘날 수많은 학교가 저마다 '전인교육'을 내세우지만 좋은 포장지에 불과합니다. 그 안은 결국 지금까지처럼 성경이 아닌 세상이 주는 교육 목표를 지향하고 있을 뿐입니다. 세상이 말하는 전인교육과 성경이 말하는 전인교육은 출발점부터 방향, 그리고 목적지까지 완전히 다릅니다.

'자아 완성'인가, '형상 회복'인가?

세상이 말하는 인본주의적 전인교육(Whole Person Education)은 인간을 '무한한 잠재력을 가진, 스스로 완성될 수 있는 존재'로 봅니다. 그래서 지식(智), 덕(德), 체(體)를 골고루 계발하여 더 교양 있고 유능하며 균형 잡힌 인간을 만드는 것을 목표로 삼습니다. 훌륭한 목표처럼 보입니다. 하지만 그 중심에는 결국 '나(self)'가 있습니다. 나의 잠재력을 극대화하고, 나의 행복을 추구하며, 나의 자아를 실현하는 것. 이는 결국 하나님 없이 인간 스스로 완전해질 수 있다고 믿는 '인본주의' 교육의 연장선일 뿐입니다.

그러나 기독교 학교가 추구하는 성경적 전인교육은 전혀 다른 관점에서 시작합니다. 우리는 인간을 '하나님의 형상대로 존귀하게 지음 받았으나, 죄로 인해 그 형상이 심각하게 깨어진 존재'로 봅니다. 그러므로 우리 교육의 목표는 단순히 훌륭한 사람이 되는 '자기계발'이 아니라, 십자가의 복음을 통해 깨어진 하나님의 형상을 회복하고 '온전한 사람(A Perfect Man)'으로 다시 세워지는 '거룩한 회복'에 있습니다.

성경은 교육의 궁극적인 목표를 이렇게 선언합니다.

> "모든 성경은 하나님의 감동으로 된 것으로 교훈과 책망
> 과 바르게 함과 의로 교육하기에 유익하니 이는 하나님
> 의 사람으로 온전하게 하며 모든 선한 일을 행할 능력을
> 갖추게 하려 함이라" (디모데후서 3:16-17)

우리는 바로 이 말씀에 근거하여, 우리 아이들이 하나님의 사람으

로 온전하게 세워지도록 5가지 핵심 영역에서 균형 있게 자라도록 돕습니다. 이것은 아이들의 삶을 영원히 빛나게 할 5가지 보석을 세공하는 과정과도 같습니다.

첫째, 성(聖, Spirituality) - 영성: 모든 일에 하나님을 더하는 거룩한 삶.

모든 교육의 기초는 신앙 교육이라는 확고한 신념 아래, 교육 과정 전반에 걸쳐 하나님의 주권을 인정하는 것을 의미합니다. 삶의 모든 순간 하나님의 생각을 먼저 듣고, 하나님의 뜻을 말하며, 하나님의 방법대로 행동하는 성경적 세계관을 삶으로 살아내도록 훈련하는, 모든 교육의 심장과도 같은 영역입니다.

둘째, 지(智, Wisdom) - 지성: 하나님을 앎으로 나를 알고 세상을 아는 지혜로운 삶.

참된 지식은 세상의 수많은 정보(Information)와 지식(Knowledge)의 근원이 바로 하나님이심을 아는 것(Knowing)에서 출발하여, 그 하나님이 주시는 지혜(Wisdom)에까지 이르는 것을 의미합니다. 세상의 지식을 좇는 것이 아니라, 하나님의 선하시고 기뻐하시고 온전하신 뜻이 무엇인지 분별하는 통찰력을 소유하도록 하는 교육입니다.

셋째, 정(情, Emotion) - 감성: 하나님 앞에서 나를 내려놓는 절제와 인내의 삶.

죄성으로 인해 무너진 양심과 욕심을 십자가 앞에 내려놓고, 그 안에서 참된 나의 모습을 발견하는 것을 의미합니다. 육신의 생각과 안목의 정욕, 이생의 자랑으로 가득 찬 내 의지를 꺾고(Will Breaking), 그 자리에 예수 그리스도의 성품과 성령의 아홉 가지 열매를 채워나가는 내면의 훈련입니다.

넷째, 의(意, Morality) - 관계성/덕성: 나를 계발하여 하나님과 이웃을 사랑하는 관계적 삶.

인간은 홀로 살아가는 존재가 아니라 하나님과 다른 사람을 사랑하고 섬기며 살아갈 때 가장 행복하도록 지음 받은 관계적 존재입니다. 하나님께서 각자에게 주신 고유한 형상(shape)과 탁월한 재능(talent)을 이기적인 성공이 아닌, 공동체를 위한 섬김의 도구로 사용하며 건강한 관계를 맺고 가꾸어 나가는 교육입니다.

다섯째, 체(體, Physical) - 체력: '성령의 전'인 몸을 거룩하고 건강하게 단련하는 삶.

우리의 몸은 단순히 나의 소유물이 아니라, 하나님이 거하시는 거룩한 성전(고전 6:19)입니다. 하나님께서 맡겨주신 이 성전을 잘 관리하고, 타락한 세상 문화 속에서 육체의 정욕을 다스릴 수 있는 영적 강인함을 갖추도록 훈련하는 것을 의미합니다. 건강한 몸을 소중히 여기고 거룩하게 가꾸는 것 또한 중요한 신앙 교육입니다.

균형 잡힌 성장이 진짜 기적을 만듭니다.

인류의 유일한 모델이신 예수님의 어린 시절을 기억하십니까? 성경은 예수님의 성장 과정을 이렇게 요약합니다.

"예수는 지혜와 키가 자라가며 하나님과 사람에게 더욱 사랑스러워 가시더라" (누가복음 2:52)

이 말씀에서 예수님의 어린 시절에 자라시던 때의 모습 속에 전인적 성장을 발견할 수 있습니다.

첫째 지(智) 지혜가 자라는 지적인 성장입니다.

둘째 체(體) 키가 자라는 신체적인 성장 곧 건강히 자라는 육체적 성장입니다.

셋째 정(情) 하나님의 기준으로 자신을 관리하여 사랑받는 정적인 성장입니다.

넷째 의(意) 하나님과 인간관계를 비롯한 모든 관계를 나보다 더 사랑하는 의의 성장입니다.

다섯째 성(聖) 삶의 기준을 하나님께 두고 세상과 다르게 살아가는 구별됨입니다.

완전한 인간으로 오신 예수님조차 이 땅에서 성·지·정·의·체의 전인적인 성장의 과정을 친히 겪으셨습니다. 우리 아이들도 마찬가지입니다. 어느 한쪽으로만 발달한 기형적 인간이 아니라, 이 5가지 영역이 조화롭게 균형을 이루며 함께 자라날 때, 비로소 세상이 감당할 수 없는 '온전한 사람', 즉 작은 예수가 되는 것입니다.

이제, 그 구체적인 교육의 현장을 소개하고자 합니다. 우리 아이들을 하나님의 사람으로 빚어가는 '성경적 전인교육(Biblical Whole Person Education)'의 다섯 가지 교육 영역을 통해 일어난 놀라운 변화와 그 열매를 함께 볼 수 있을 것입니다.

제6장

성(聖),
모든 것에 하나님을 더하다
부제: 구별된 삶이 만드는 거룩한 실력

"우리 학교는 공부도 예배라고 가르칩니다."

이 말을 들은 학부모님들은 고개를 갸웃거립니다. "예배는 주일에 교회 가서 드리는 것 아닌가요? 공부가 어떻게 예배가 되죠?"

전인기독학교가 말하는 '성(聖)'의 교육은 바로 이 질문에 대한 답을 찾아가는 과정입니다. 우리는 '성'을 단순히 성경 시험 점수를 잘 받거나, 찬양을 크게 부르는 종교적 행위로만 가르치지 않습니다.

우리가 정의하는 '성'은 삶의 모든 영역에 하나님을 더하여(Adding God), 세상과 구별된(Set-apart) 삶을 사는 것입니다.

성(聖)은 '더하기'입니다

많은 아이들이 신앙과 삶을 분리해서 생각합니다. 수학은 대학 가기 위해 배우고, 신앙은 천국 가기 위해 필요하다고 여깁니다. 하지만 전인교육은 이러한 이분법을 거부합니다.

성(聖)의 교육은 하나님을 '더하는' 것입니다.

지식 + 하나님 = 지혜   지식에 하나님을 더하면 세상을 이롭게 하는 지혜가 됩니다.

재능 + 하나님 = 사명   재능에 하나님을 더하면 나만을 위한 성공이 아니라 이웃을 섬기는 사명이 됩니다.

성품 + 하나님 = 인격   타고난 기질에 하나님을 더하면 예수님을 닮은 인격이 됩니다.

로마서 12장 1-2절 말씀처럼, 이 세대를 본받지 않고 하나님의 선하신 뜻을 분별하는 것. 학교생활의 모든 순간에 하나님을 더할 때, 우리 아이들의 삶은 그 자체로 '산 제물'이 됩니다.

성(聖)은 '구별됨'입니다

'거룩'이라는 단어는 히브리어로 '카도쉬(Kadosh)', 즉 '잘라내다', '구별하다'라는 뜻을 가지고 있습니다.

세상 사람들과 똑같이 밥 먹고 공부하지만, 목적과 기준이 다른 것.

이것이 진짜 거룩입니다.

성경은 모든 사람이 죄를 범하였다고 말합니다. 인간 스스로의 힘으로는 죄 문제를 해결할 수 없기에, 우리는 예수 그리스도를 통해 구원받았습니다. 구원받은 자는 이제 세상과 다른 방식으로 살아야 합니다.

세상은 "성공을 위해 수단과 방법을 가리지 말라"고 하지만, 우리 아이들은 "과정이 거룩하지 않으면 결과도 영광될 수 없다"고 배웁니다. 남을 밟고 올라서는 것이 아니라 "남을 세워주는 것"을 배웁니다.

세상은 "네 마음대로 즐겨라"고 유혹하지만, 우리 아이들은 "절제가 능력이다"라고 배웁니다.

이것이 믿지 않는 자들과 구별된 '빛과 소금'의 삶입니다. 겉모습이 화려하거나 명품을 입어서 구별되는 것이 아닙니다. 선택의 순간에 성경적 기준을 따르는 '거룩한 고집'이 아이들을 빛나게 합니다. 이것이 바로 우리가 추구하는 '구별됨'입니다.

성(聖)은 '예배의 확장'입니다

이 모든 것을 가능하게 하는 엔진은 '예배'입니다.

우리 학교(홍천 캠퍼스)의 학생들은 매일 새벽 6시에 일어납니다. "내 영광아 깰지어다, 내가 새벽을 깨우리로다(시 57:8)"라는 말씀처럼, 하루의 첫 시간을 하나님께 드리는 훈련입니다.

한창 잠이 많을 나이에 새벽예배라니, 너무 가혹한 것 아닐까요?

하지만 아이들의 고백을 들어보면 생각이 달라집니다.

11학년 안○○ 학생은 이렇게 나눕니다.

"예전에는 나에게 안 좋은 상황이 오면 좌절하고 금방 포기했어요. 그런데 새벽예배를 통해 말씀이 삶에 적용되기 시작하면서 달라졌습니다. 내가 마주하는 모든 상황에 하나님의 뜻이 있다고 믿게 되니 감사하게 되고, 최선을 다하게 되었습니다. 기도의 내용도 '주세요'에서 '회개와 중보'로 바뀌었고요."

또 다른 11학년 박○○ 학생은 새벽예배를 '비타민'이라고 부릅니다.

"새벽예배는 게으르고 우울했던 저를 단련시키고 동기부여해주는 비타민과 같은 시간입니다. 처음에는 졸기만 했지만, 이제는 하나님이 내게 주시는 사명과 삶의 지혜를 발견하는 엄청난 시간이 되었습니다. 세상에 나가서도 새벽예배를 드리며 하나님의 생각으로 하루를 조율하는 사람이 되고 싶습니다."

이처럼 새벽예배는 단순히 졸린 눈을 비비며 앉아있는 시간이 아닙니다. 세상의 소음이 시작되기 전, 하나님의 음성으로 내 영혼의 주파수를 맞추는(Tuning) 시간입니다. 이 거룩한 습관이 몸에 밴 아이들은, 어떤 위기 앞에서도 쉽게 무너지지 않는 영적 야성을 갖게 됩니다.

학기의 문을 여는 거룩한 축제: 영성수련회

새 학기가 시작되면 대부분의 학교는 진도 나가기에 바쁩니다. 하지만 전인기독학교는 다릅니다. 우리는 개학 첫 2~3일을 온전히 떼어 '영성수련회'로 보냅니다. 방학 동안 흐트러졌던 마음을 다잡고, 이번 학기의 주인이 내가 아닌 하나님이심을 선포하는 시간입니다.

이 시간은 아이들에게 단순한 행사가 아니라 영적 대각성의 현장입니다. 9학년 최○○ 학생의 고백을 들어보십시오.

"이제껏 저는 '땅끝'이 해외 선교지라고만 생각했습니다. 그런데 이번 수련회에서 깨달았습니다. 내가 서 있는 이곳, 내 바로 뒤편이 땅끝이라는 사실을요. 거창한 비전을 핑계로 지금 내 옆에 있는 친구들을 소홀히 했던 교만을 회개했습니다. 내가 먼저 사랑을 흘려보내는 것이 진짜 선교임을 알게 되었습니다."

10학년 장○○ 학생은 코로나19라는 불안한 상황 속에서도 기도의 능력을 체험했다고 말합니다.

"힘든 일들을 내 힘으로 해결하려다 보니 끙끙 앓기만 했어요. 하지만 수련회를 통해 기도로 내려놓았을 때 마음에 큰 평안이 찾아왔습니다. 나를 위한 기도를 넘어 나라와 학교, 친구를 위해 기도하게 되었습니다. 꺼져가던 신앙의 불씨가 다시 살아났습니다."

교실의 주인을 바꾸다: WWJD와 수업 기도

교실 문을 열고 들어서면 칠판마다 붙어 있는 표어가 눈에 띕니다. '예수님이라면 어떻게 하실까? (What Would Jesus Do?)'

이것은 단순한 장식품이 아닙니다. 수업 시간에 떠들고 싶을 때, 친구와 다퉜을 때, 혹은 시험을 볼 때 아이들은 이 질문 앞에 섭니다. '지금 이 순간 예수님이라면 어떻게 하셨을까?' 이 질문이 아이들의 양심을 깨우고 행동을 선택하는 기준이 됩니다.

또한 모든 수업은 기도로 시작해서 기도로 마칩니다. 국어, 영어, 수학 시간에도 기도를 한다는 것은 "지식의 근본은 하나님이십니다"라는 겸손한 고백입니다. 교사들은 교과서 속에 숨겨진 창조의 질서를 찾아내어 가르치고, 아이들은 공부하는 이유가 하나님의 영광을 위해서임을 매시간 확인합니다.

말씀이 내면의 뼈대가 되다: 통독과 암송

스마트폰과 유튜브의 홍수 속에서 우리 아이들의 뇌를 지키는 힘은 무엇일까요? 바로 '말씀'입니다.

전인기독학교 학생들은 매년 성경 1독을 목표로 '매삼주오' 매일 세 장, 주말 네, 다섯 장의 성경을 통독하며 하루를 시작합니다. 소리 내어 읽는 말씀은 아이들의 뇌를 거룩하게 깨웁니다.

더 놀라운 것은 '암송 훈련'입니다. 매일 아침 주어진 말씀을 암송합니다. 종례 시간에 함께 외운 말씀을 되새깁니다. 초등과정은 성품 교육을 받으며 주제 말씀을 암송하고 학기말에 전체 암송을 합니다. 이는 말씀이 삶에 등불과 빛이 되어 삶의 기준과 방향을 제시함을 경험하는 것입니다.

멈춤의 미학: 하·잠·멈 기도훈련

학교 일과 중에 갑자기 벨소리가 울립니다. '하·잠·멈(하던 일을 잠시 멈추고 기도하는 시간)' 신호입니다.

쉬는 시간이든, 점심시간이든 벨이 울리면 모든 학생과 교사는 그 자리에 멈춰 섭니다. 그리고 방송반 친구들이 나누어주는 기도 제목을 듣고 함께 기도합니다.

이 훈련은 아이들에게 강력한 메시지를 줍니다.
"내 인생에서 가장 급하고 중요한 일은 하나님을 만나는 것이다."
바쁜 일상 속에서도 삶의 우선순위를 하나님께 두는 훈련, 이것이 전인교육의 핵심입니다.

거룩은 능력이 됩니다.

전인기독학교가 말하는 '성(聖)'은 고리타분한 종교 의식이 아닙니다.
매일의 삶에 하나님을 더하고(Adding God), 세상과 구별된 기준을 갖는 것. 이것이 아이들을 '세상이 감당할 수 없는 실력자'로 만듭니다.

새벽을 깨우는 기도, 말씀을 암송하는 명석함, 고난을 돌파하는 끈기, 그리고 예수님의 마음으로 친구를 섬기는 인격. 이 모든 것이 어우러져 우리 아이들은 지금 이 순간에도 '온전한 사람'으로 자라나고 있습니다.

하지만 우리 학교의 예배는 강당에서 드리는 1시간으로 끝나지 않습니다. 예배당 문을 나서는 순간, 진짜 예배가 시작됩니다.

수업이 예배입니다 선생님께 집중하고 최선을 다해 배우는 태도가 곧 하나님께 드리는 예배입니다.

관계가 예배입니다 친구를 배려하고 약속을 지키는 책임감이 하나님을 기쁘시게 하는 예배입니다.

생활이 예배입니다 기숙사 방을 정리하고, 식사 시간에 감사하며 먹는 소소한 일상이 예배입니다.

우리는 예배를 통해 하나님을 만나고, 그 감격으로 삶의 현장에서 변화(Transformation)를 만들어 냅니다. 변화 없는 예배는 종교 행사에 불과합니다. 죄를 끊어내고, 관계를 회복하며, 하나님의 뜻을 분별하는 구체적인 열매가 맺힐 때 비로소 '성'의 교육이 완성됩니다.

결국 '성(聖)'의 교육이 지향하는 목표는 '인테그리티(Integrity)'를 갖춘 사람입니다.

아무도 보지 않는 곳에서도 하나님 앞에 서 있는 것처럼 행동하는 사람(Coram Deo).

세상의 풍조에 요동하지 않고, 하나님 보시기에 옳은 일을 선택하는 용기 있는 사람.

전인기독학교는 아이들에게 "성공하라"고 가르치지 않습니다. 대신 "거룩하라"고 가르칩니다. 거룩한 실력만이 세상을 치유할 수 있기 때문입니다. 오늘도 우리 아이들은 교실과 운동장, 기숙사 곳곳에서 하나님을 더하며 거룩한 하나님의 사람으로 자라나고 있습니다.

제7장

지(智), 하나님을 알고, 나를 알고, 세상을 아는 지혜로운 삶

부제: 정보(Information)에서 지식(Knowledge)으로,
지식에서 지혜(Wisdom)로

"학원 없이 대학을 갈 수 있나요?"

"기독교 학교에서는 기도만 하고 공부는 덜 시키는 것 아닙니까?"

전인기독학교의 문을 두드리는 학부모님들이 가장 많이 하는 질문입니다. 이 질문 속에는 '신앙 교육과 학업 성취도는 반비례할 것'이라는 세상의 편견이 깔려 있습니다. 하지만 우리는 지난 20년의 역사를 통해 단호하게 "아니오"라고 답해왔습니다. 오히려 우리는 세상의 학교보다 더 치열하게 가르치고, 더 깊이 있게 배웁니다. 다만, 그 공부의 '목적'과 '방법'이 다를 뿐입니다.

전인기독학교가 추구하는 지(智)의 교육은 단순히 시험 점수를 잘 받는 기술자를 기르는 것이 아닙니다. 하나님을 아는 지식에서 출발하여 나를 발견하고, 세상을 하나님의 관점으로 통찰하는 '지혜로운 리더'를 기르는 것입니다.

지(智)의 철학: 지식을 넘어 지혜로 나아가다

오늘날 아이들은 '정보(Information)'의 홍수 속에 살고 있습니다. 스마트폰만 켜면 전 세계의 데이터를 얻을 수 있습니다. 하지만 정보가 많다고 해서 지혜로운 사람은 아닙니다. 오히려 넘쳐나는 정보 속에서 무엇이 옳고 그른지 분별하지 못해 길을 잃기 쉽습니다.

우리는 '안다'는 것을 세 단계로 정의합니다.

첫째는 정보(Information)입니다. 단순한 사실과 데이터의 재료들입니다.

둘째는 지식(Knowledge)입니다. 정보를 이해하고 체계화하여 내 것으로 만든 내용입니다.

셋째는 지혜(Wisdom)입니다. 이것이 우리의 최종 목표입니다. 지식의 토대 위에서 하나님의 눈으로 상황을 분별하고(Discernment), 본질을 꿰뚫어 보는 통찰력(Insight)을 갖추어 올바른 선택을 하는 능력입니다.

성경은 명확히 선언합니다.

> "여호와를 경외하는 것이 지혜의 근본이요, 거룩하신 자
> 를 아는 것이 명철이니라" (잠언 9:10)

하나님을 배제한 지식은 교만해지기 쉽고, 방향 잃은 칼날이 되어 남을 찌르는 흉기가 됩니다. 전인기독학교는 '여호와를 경외함'을 모든 학습의 기초로 삼습니다. 창조주 하나님을 인정하고, 그분의 주권에 순종하는 태도를 갖출 때, 비로소 세상의 지식도 바르게 해석하고 사용할 수 있는 참된 지혜가 열리기 때문입니다.

인식의 질서: 하나님 → 나 → 세상

세상 교육은 "세상을 먼저 알아야 성공한다"며 트렌드와 기술을 주입합니다. 그러다 보니 아이들은 세상의 거대한 파도 앞에서 정작 "나는 누구인가?"를 잃어버리고 불안해합니다.

전인교육의 '지(智)'는 이 앎의 순서를 성경적으로 바로잡습니다.

하나님을 안다: 말씀과 예배를 통해 창조주를 먼저 만납니다.

나를 안다 하나님 안에서 나의 정체성과 창조 목적, 사명을 발견합니다.

세상을 안다 그제야 세상이 두려움의 대상이 아니라, 내가 사명을 펼칠 무대임을 깨닫습니다.

이 순서가 바로 서면 아이들은 요동하지 않습니다. 남들이 다 가는 길이라고 해서 무작정 따라가지 않습니다. 내 안에 견고한 기준이 섰기 때문입니다. 자신의 믿음의 분량대로 생각하고, 과도한 야망 대신 하나님이 주신 소명을 따르는 '거룩한 분별력'을 갖게 됩니다.

학습 방법론: L-U-T 시스템과 자기주도학습

그렇다면 이 철학을 어떻게 구체적인 실력으로 만들어낼까요? 우리 학교는 'L-U-T' 학습 과정을 통해 아이들을 훈련합니다.

Learning (배우고) 하나님의 관점으로 학문을 배웁니다.

Understanding (이해하고) 배운 지식이 창조 질서 안에서 어떤 의미인지 깊이 이해합니다.

Training (익히고) 깨달은 것을 반복 훈련하여 온전한 내 실력으로 만듭니다.

이 과정을 구현하기 위해 우리는 '사교육 없는 학교'를 원칙으로 합니다.

학원에서 떠먹여 주는 공부에 익숙한 아이들은 스스로 생각하는 힘을 잃어버립니다. 우리 아이들은 학교 안에서 모든 공부를 끝냅니다.

① 자기주도학습과 주초고사

홍천 캠퍼스의 고등학생들은 매일 이른 아침 시간과 늦은 밤까지 스스로 공부합니다. 스마트폰의 유혹이 없는 환경에서 오직 책과 씨름하며 '혼자 공부하는 근육'을 키웁니다. 이를 점검하기 위해 매주 월요일 '주초고사'를 실시합니다. 지난주에 배운 내용을 완전히 소화했는지 확인하는 과정입니다. 벼락치기가 통하지 않는 이 시스템을 통해 아이들은 매일 성실하게 공부하는 습관을 기릅니다.

② 교사들의 자발적 헌신

사교육이 없다고 방치하는 것이 아닙니다. 선생님들은 저녁 자습 시간마다 자발적으로 보강 수업을 엽니다. 수학이 부족한 아이, 영어가 힘든 아이들을 1:1로 불러 가르칩니다. 이것은 학원 강사의 비즈니스가 아니라, 제자를 사랑하는 스승의 헌신이기에 가능합니다.

지혜의 두 날개: 독서와 하브루타

4차 산업혁명 시대, 인공지능이 대체할 수 없는 능력은 '생각하는 힘'입니다. 우리 학교는 이 힘을 기르기 위해 독서와 토론에 집중합니다.

① 삶의 질을 높이는 독서교육

"모든 교육의 기초는 신앙, 모든 학습의 기초는 독서다."

이것이 우리의 교육 규범입니다.

초등 과정에서는 '무지개 독서인증제'를 통해 350권 이상의 책을 읽게 하여 독서의 즐거움을 깨우쳐줍니다. 중고등 과정(7~11학년)에서는 엄선된 필독서 100권을 읽고 매일 'Reading Journal (R.J)'을 작성합니다. 단순히 줄거리를 요약하는 것이 아니라, 저자의 생각을 분석하고 성경적 관점에서 비평하는 글쓰기 훈련입니다. 무엇보다도 정규 교과목으로 기독학교 안에서 독서교육이 주는 가장 큰 잇점은 일반적인 책들도 기독교적인 관점에서 해석하고 비평할 수 있는 능력을 키울 수 있다는 점입니다. 이 과정을 통해 문해력과 사고력은 대학 입시 논술은 물론, 인생의 난제를 풀어가는 강력한 무기가 됩니다.

② 질문이 있는 교실, 하브루타

유대인의 도서관이 시끄러운 것처럼, 우리 학교의 자습 시간은 때로 시끌벅적합니다. 친구와 짝을 지어 서로 묻고 답하는 '하브루타' 공부법 때문입니다.

"왜 그렇게 생각했어?", "이 공식의 원리는 뭘까?"

서로를 가르치면서 아이들은 자신이 무엇을 모르는지(메타인지)를 깨닫고, 지식을 논리적으로 설명하는 능력을 갖추게 됩니다. 경쟁자가 아닌 협력자로 함께 성장하는 공부, 이것이 전인교육의 현장입니다.

교과 과정과 글로벌 역량

전인기독학교의 커리큘럼은 공교육의 교과 과정을 충실히 따르면서도, 그 안에 기독교적 가치를 녹여낸 '통합 교육'을 지향합니다.

① 성경적 세계관으로 가르치는 교과 수업

수학/과학 단순히 공식과 법칙을 외우는 것이 아니라, 우주 만물에 숨겨진 하나님의 질서와 논리를 발견합니다. '천체 관측 프로젝트'나 '창조 과학 탐구' 등을 통해 과학적 지식이 신앙과 충돌하는 것이 아님을 배웁니다.

국어/사회 '신기해(신문 기사로 기도해요)' 활동을 통해 사회 현상을 읽고, 나라와 민족을 위해 기도하는 통찰력을 기릅니다.

예체능 1인 1악기 오케스트라, 화요 스포츠 활동 등을 통해 하나님이 주신 감성과 신체를 계발합니다.

③ 세계를 일터로 삼는 영어 교육

영어는 점수를 따기 위한 과목이 아닙니다. 하나님 나라를 위해 쓰일 도구입니다.

1학년부터 체계적인 수업을 진행하며, 3~4학년 때는 사이판으로, 6학년 2학기부터는 미국과 캐나다 자매학교로 1년간 유학을 떠납니다. 현지 가정에서 생활하며 언어와 문화를 익히고, 넓은 세상을 품는 글로벌 리더십을 훈련받습니다.

진로 교육: 야망이 아닌 소명을 향하여

세상 교육의 종착지가 '성공'과 '돈'이라면, 지(智)의 교육의 종착지는 '소명(Calling)'입니다.

8~9학년부터 진행되는 진로 수업과 상담을 통해 아이들은 질문합니다.

"하나님은 왜 나에게 이런 재능을 주셨을까?"

"나는 이 세상의 어떤 아픔을 치유하는 사람이 되어야 할까?"

단순히 인기 있는 직업을 좇는 것이 아니라, 하나님이 나를 디자인하신 목적을 찾아가는 과정입니다. 그래서 우리 아이들의 꿈은 구체적이고 이타적입니다. 의사가 되어도 의료 선교를 꿈꾸고, 사업가가 되어도 정직한 기업 경영을 꿈꿉니다.

성적표 너머에 있는 진짜 실력

전인기독학교가 말하는 '지(智)'는 세상의 정보와 지식을 무시하는 것이 아닙니다. 오히려 그것을 탁월하게 습득하되, 그 위에 하나님을 경외하는 지혜를 더하는 것입니다.

정보(Information)를 넘어 통찰(Insight)로.
경쟁(Competition)을 넘어 협력(Cooperation)으로.
성공(Success)을 넘어 섬김(Service)으로.

이것이 우리가 가르치는 지혜입니다. 하나님을 알고, 나를 알고, 세상을 아는 아이. 어떤 흔들림 속에서도 성경적 기준을 가지고 올바른 선택을 할 수 있는 아이.

이런 지혜로운 인재가 자라날 때, 세상은 비로소 희망을 보게 될 것입니다.

제8장

정(情), 십자가 앞에 나를 꺾고 하나님의 마음을 품다

부제: 감성(Sensibility)을 넘어 자기 정복(Self-Conquest)으로

"우리 아이는 감수성이 풍부해요."

부모님들은 흔히 '정(情)'을 예술적 재능이나 부드러운 성격 정도로 생각합니다. 물론 그것도 포함됩니다. 하지만 전인기독학교가 말하는 '정(情)'은 훨씬 더 본질적이고 치열한 내면의 싸움을 의미합니다.

육신의 정욕, 안목의 정욕, 이생의 자랑으로 가득 찬 내 자아를 꺾고 예수 그리스도의 성품으로 채우는 과정입니다. 그래서 전인교육의 '정'은 아름답지만, 동시에 단호합니다. 자신의 마음을 다스리지 못하는 자는 결코 남을 섬길 수 없기 때문입니다.

우리가 정의하는 '정(情)'은 "다듬어지지 않은 내 감정과 의지를 십자가 앞에 내려놓고(Will Breaking), 하나님의 마음으로 살아가는 능력"입니다.

내 기분대로 행동하는 것이 아니라 나를 쳐서 복종시키는 '절제와 인내', 그리고 그 단단해진 마음으로 이웃을 품는 '사랑과 관계'. 이것이 바로 전인기독학교가 길러내고자 하는 정(情)의 실체입니다.

성경은 우리에게 분명한 목표를 줍니다.
> "그러므로 너희가 더욱 힘써 너희 믿음에 덕을, 덕에 지식을, 지식에 절제를, 절제에 인내를…" (베드로후서 1:5-6)
> "노하기를 더디 하는 자는 용사보다 낫고 자기의 마음을 다스리는 자는 성을 빼앗는 자보다 나으니라" (잠언 16:32)

우리는 이 말씀에 근거하여, 아이들이 매일의 삶 속에서 '절제'와 '인내'라는 근육을 키우도록 훈련합니다. 입시라는 거대한 도전부터 스마트폰을 내려놓는 작은 습관까지, 전인기독학교의 '정(情)' 교육 현장을 소개합니다.

정(情)의 훈련장 1: 입시(入試), 인생 첫 번째 자신과의 싸움

대한민국의 교육 현실에서 '입시'는 공포의 대상입니다. '입시 지옥', '입시 전쟁'이라는 말처럼, 학생과 학부모 모두에게 피하고 싶은 고통입니다. 어떤 대안학교들은 이 경쟁이 비교육적이라며 입시 자체를 부정하거나 외면하기도 합니다. "대학 안 가도 행복할 수 있다"며 입시 교육을 느슨하게 하기도 합니다.

① 골리앗 앞에 선 다윗

하지만 전인기독학교의 생각은 다릅니다. 우리는 입시를 피하지 않습니다. 오히려 입시를 '정(情)'의 영역에서 가장 중요한 훈련 도구로 사용합니다. 우리는 입시를 "청소년기에 겪는 인생 첫 번째 자기 성찰과 도전의 기회"로 정의합니다. 그래서 우리는 학생들에게 가르칩니다. "입시는 청소년기를 지나는 네가 인생에서 처음으로 맞이하는 '스스로 씨름하고 견뎌야 할 시험(Test)'이다."

12년 동안 하나님과 부모님 앞에서 학생으로서의 본분을 얼마나 성실하게 수행했는지, 미래의 꿈을 위해 얼마나 인내하며 노력했는지를 객관적으로 평가받는 시간입니다.

'삶은 거짓말을 하지 않는다', '심은 대로 거둔다'는 성경의 진리를 가장 확실하게 배울 수 있는 기회로 여깁니다. 그래서 우리에게 입시는 지옥이 아니라, 자신의 삶을 성찰하고 미래를 향해 도전하는 '축복의 장'입니다. 물론 서열화하는 수능 시스템에 문제가 있고 시험 날의 여러 상황과 입시가 가지고 있는 부정적 요소들이 있습니다.

하지만 하나님의 방법으로 하면 능치 못할 일이 없음을 믿고 피하거나 거부하지 않고 정면돌파하는 것이 전인교육의 기백입니다.

② 사교육 없이 증명하는 실력

그래서 우리는 사교육에 의존하지 않습니다. 학원이 떠먹여 주는 공부로는 '인내'라는 성품이 길러지지 않기 때문입니다. 학교 안에서 선생님과 씨름하고, 스스로 계획을 세워 공부하며 흘리는 땀방울이 아이들을 진짜 실력자로 만듭니다.

입시 결과가 성공이든 실패든, 최선을 다해 부딪쳐본 경험은 아이의 인생을 지탱하는 단단한 뼈대가 됩니다. "심은 대로 거둔다"는 성경의 진리를 몸으로 체험하는 곳, 그곳이 바로 전인기독학교의 고3 교실입니다.

전인 졸업생은 학교생활 가운데 가장 행복한 시간이 12학년이었다고 고백합니다.

무너진 공교육과 가정을 파탄 내는 사교육 시장이 없어도, '학교의 책임 교육'과 '아이들의 자기 주도성'만으로도 충분히 탁월한 성과를 낼 수 있음을 증명하고 있습니다.

③ 결과보다 중요한 것: 실력 있는 그리스도인

물론 모두가 서울대에 갈 수는 없습니다. 입시의 결과는 각자의 달란트와 노력에 따라 다를 수 있습니다. 하지만 이 과정을 정직하게 통과한 아이는, 실패하더라도 다시 일어서는 법을 배웁니다.

우리의 목표는 단순한 명문대 진학이 아닙니다. 이 땅의 모든 영역에서 하나님의 주권을 선포할 '실력 있는 그리스도인'을 기르는 것입니다. 입시는 그 실력을 연마하는 과정이며, 이 거룩한 전쟁을 통해 아이들은 '인내'와 '끈기'라는 강력한 정서적 무기를 갖게 됩니다.

정(情)의 훈련장 2: 매일의 성실함, 플래너(Planner) 쓰기

현대 사회가 요구하는 능력은 단순 지식이 아니라 '자기 주도성'입니다. 누군가 시켜서 하는 것이 아니라, 내가 주인이 되어 시간을 관리하고 삶을 통제하는 훈련입니다. 이 능력은 하루아침에 생기지 않습니다. '정(情)'의 핵심인 성실함이 쌓여야 가능합니다.

① 삶을 기록하고 관리하는 힘

홍천 캠퍼스에서 생활하는 5학년부터 12학년까지, 모든 학생은 매일 아침 '플래너'를 씁니다. 하루의 수업 일정, 자습 계획, 해야 할 일들을 스스로 기록합니다. 플래너를 쓴다는 것은 내 시간의 주인이 되어 삶을 통제하겠다는 선언입니다. 하기 싫은 공부를 계획하고, 미루고 싶은 마음을 다잡으며 책상 앞에 앉는 것. 이것이야말로 가장 구체적인 '절제 훈련'입니다.

② 교사, 부모와 함께 쓰는 성장 일기

이 플래너는 혼자만의 일기장이 아닙니다. 주중에는 담임 선생님이 매일 점검하며 코멘트를 달아주고, 주말에는 부모님이 확인하며 격려의 글을 남겨줍니다.

"오늘도 수고했어. 네가 스스로 계획을 지키려고 노력하는 모습이 정말 멋지다."

선생님과 부모님의 따뜻한 피드백 속에서 아이들은 자신이 사랑받고 있음을 느끼며, 포기하지 않고 성실함의 습관을 완성해 나갑니다.

정(情)의 훈련장 3: 품격 있는 인격, 언어와 예절

"예(禮)가 아니면 보지 말고, 듣지 말고, 말하지 말고, 행하지 말라."

<논어>의 가르침처럼, 군자가 되기 위해서는 갖춰야 할 덕목이 있습니다. 전인기독학교는 '예의를 몸에 담은 인격체'를 기르기 위해 아주 구체적인 태도 교육을 실시합니다.

① 욕(辱)이 사라진 교정

요즘 청소년들의 대화를 들어보셨습니까? 지하철이나 길거리에서 들리는 아이들의 말속에는 욕설이 절반 이상입니다. 욕 없이는 대화가 안 되는 안타까운 현실입니다. 언어가 거칠어지면 생각도, 행동도 거칠어집니다.

하지만 전인기독학교의 교정에서는 욕설이 들리지 않습니다. 가끔 전학 온 친구가 습관적으로 욕을 하면, 주변 친구들의 시선이 집중됩니다. 그 어색한 정적 속에서 아이는 깨닫습니다. "아, 여기서는 욕이 쿨한 게 아니라 부끄러운 거구나."

한 학기가 지나면 그 아이의 입술도 순화됩니다. 욕을 참는 것은 단순히 착한 척하는 게 아닙니다. 끓어오르는 감정을 말로 배설하지 않고 '언어를 절제하는 힘'을 기르는 과정입니다.

② 경청의 삶

우리는 아이들에게 바르게 앉고(정좌), 바르게 보고(정시), 바르게 듣는(정청) 태도를 가르칩니다. 수업 시간에 선생님의 눈을 맞추고 경청하는 태도, 어른을 공경하는 태도, 친구를 존중하는 태도. 이런 기본적인 성품 훈련을 통해 아이들은 책임감 있고 긍정적이며, 온유한 성품을 지닌 '이웃을 사랑하는 전인(全人)'으로 다듬어집니다.

정(情)의 훈련장 4: 5-NO, 유혹을 이기는 거룩한 울타리

세상은 아이들에게 "네가 하고 싶은 대로 해"라고 부추깁니다. 하지만 하고 싶은 대로 다 하는 것은 자유가 아니라 방종입니다. 진정한 자유는 '하지 말아야 할 것을 안 할 수 있는 능력'에서 나옵니다.

전인기독학교에는 5가지가 없습니다. 폭력, 게임, 화장, 술, 담배.

① 스마트폰은 NO, 산책과 운동은 YES

우리 학교에는 '스몸비(스마트폰 좀비)'가 없습니다. 학생들은 스마트폰을 소지하지 않습니다. 청소년 시기에 개인 이름으로 가입한 스마트폰 자체가 없습니다.

스마트폰이 없는 시간, 아이들은 무엇을 할까요? 전인기독학교에는 세상에서 가장 아름다운 풍경이 있습니다.

쉬는 시간이면 삼삼오오 모여 교정을 산책하며 대화를 나눕니다. 도서관에서 책을 읽고, 운동장에서 땀 흘리며 축구, 농구를 합니다. 어떤 때는 조부모님의 어린 시절에 했던 고무줄, 공기놀이하고 '무궁화 꽃이 피었습니다'하며 놉니다. 또 학교에서 키우는 공작새, 토끼, 개와 함께 노는 아이들의 표정은 그 어느 때보다 밝습니다.

무한한 상상력의 보고인 뇌를 스마트폰 가두지 않고, 자연과 사람

속에서 숨 쉬게 하는 것. 이것이야말로 진정한 아름다움입니다.

② 선을 넘지 않는 훈련

술과 담배, PC방 게임, 진한 화장... 청소년기에 호기심으로 넘을 수 있는 선들이 있습니다. 우리 학교에는 5가지 모두를 허용하지 않습니다. 성인이 되어 사회악이 될 수 있는 싹을 우리는 학교에서부터 잘라냅니다.

이것은 아이들을 억압하기 위함이 아닙니다. 세상의 유해한 자극으로부터 아이들을 보호하고, 건강한 인내심을 길러주기 위한 안전장치입니다. 이는 세상의 유행과 문화를 따라가지 않아도 된다는 경험입니다.

더 나아가 유혹 앞에서도 '순응하며 참을 줄 않는 인내'를 기르는 훈련입니다. 이 훈련을 통과한 아이들은 세상에 나가서도 죄의 유혹을 단호히 거절할 수 있는 영적 근육을 갖게 됩니다.

마음을 다스리는 자가 세상을 다스립니다.

전인기독학교가 말하는 '정(情)'은 단순히 감수성을 키우는 것이 아닙니다.

입시라는 골리앗 앞에서도 도망가지 않는 용기, 매일 플래너를 쓰며 삶을 관리하는 성실함, 거친 언어와 유해한 문화를 거절하는 거룩한 구별됨. 그리고 이 모든 과정에서 내 뜻(Will)을 꺾고 하나님의 뜻을 따르는 순종. 이것이 우리가 가르치는 정(情)입니다.

자신의 마음을 다스릴 줄 아는 아이. 다듬어지지 않은 원석 같은 감정을 십자가 앞에서 잘 갈고닦아 보석처럼 빛나는 인격을 가진 아이. 이런 아이들이 자라나 가정과 사회, 그리고 이 나라를 다스릴 때, 세상은 하나님의 성품으로 아름답게 물들 것입니다. 그렇게 다듬어진 정(情)을 가진 아이들이야말로, 분열된 이 시대를 치유하고 통합할 진정한 리더가 될 것입니다.

정(情)의 훈련장 5: 자신의 한계에 도전하는 국토행군

하고싶은 것만 선택해서 살아가는 요즘 아이들이 회피하는 극기의 훈련장이 전인기독학교에서는 매년 이루어집니다. 하루에 30km 정도의 거리를 3일간 걸어서 완주합니다. 발 뒤꿈치에 물집이 생기고 다리와 몸은 천근만근 물에 젖은 빨래처럼 지쳐 힘들지만 전인이들은 기쁨으로 끝까지 해냅니다.

제9장

의(意), 나를 넘어 너에게로 향하는 거룩한 관계성

부제: "나 혼자 잘 사는 것이 아니라, 더불어 잘 사는 능력을 기릅니다"

'의'의 재정의: 독선이 아닌 관계를 향하여

"교장 선생님, 우리 아이는 의지가 약해서 걱정이에요. 책상 앞에 진득하게 앉아있질 못해요."

일반적으로 교육 현장에서 아이의 '의지력'을 논할 때, 우리는 흔히 책상 앞에 오래 앉아있는 끈기나 목표를 향해 돌진하는 투지를 떠올리곤 합니다. 물론 그것도 의지의 중요한 단면입니다. 하지만 전인기독학교가 추구하는 '의(意)'의 개념은 개인의 성취를 위한 독한 마음가짐을 넘어섭니다. 우리는 의(意)를 "나를 계발하여 하나님과 세상을 사랑하는 관계적 능력"으로 정의합니다.

하나님은 인간을 고립된 섬으로 창조하지 않으셨습니다. 성경은 "사람이 혼자 사는 것이 좋지 아니하니(창 2:18)"라고 선언하며, 인간을 본질적으로 '관계적 존재'로 규정합니다. 따라서 성경적인 관점에서 볼 때, 진정으로 의지가 강한 사람은 혼자서 1등을 거머쥐는 독불장군이 아닙니다. 그는 자신의 내면을 단단히 세우고, 그 힘을 바탕으로 타인과 소통하며, 공동체를 유익하게 하는 '사랑의 능력'을 가진 사람입니다.

세상의 교육이 "너의 꿈(Ambition)을 위해 친구를 이겨라"고 가르칠 때, 우리는 "하나님의 비전(Vision)으로 친구를 섬겨라"고 가르칩니다. 성(聖)·지(智)·情(정)이 개인의 내면을 거룩하고 지혜롭고 건강하게 가꾸는 과정이라면, 의(意)는 그 축적된 역량을 가지고 '나 아닌 타인'에게로 나아가는 실천적 삶을 의미합니다. 이것이 우리가 '의(意)' 교육을 단순한 인성 교육을 넘어선, '관계와 사랑의 역량 강화'로 바라보는 이유입니다.

사랑의 원천: "우리는 이미 충분히 사랑받았습니다"

의(意) 교육의 핵심은 '관계'이며, 관계를 지탱하는 본질은 '사랑'입니다. 여기서 말하는 사랑은 인간적인 감정의 호불호(好惡)나 억지로 짜내는 의무감이 아닙니다. 우리는 사랑을 "받는 감정이 아니라, 먼저 주는 삶의 태도"로 정의합니다.

그렇다면 타락한 본성을 가진 인간이 어떻게 먼저 줄 수 있을까요? 어떻게 경쟁자를 동역자로 바라볼 수 있을까요? 그 해답은 '정체성 (Identity)'의 확립에 있습니다.

오늘날 아이들의 관계가 흔들리고 병드는 근본적인 이유는 '결핍'에 있습니다. 인정받고 싶은 욕구, 사랑받고 싶은 갈망이 채워지지 않기에, 관계 속에서 끊임없이 계산하고, 비교하고, 시기합니다. 내가 살기 위해 남을 깎아내리는 학교 폭력과 왕따 현상은 바로 이 '사랑의 기근'에서 비롯된 것입니다.

전인기독학교는 이 문제에 대한 교육적 처방으로 "하나님께 이미 받은 사랑(은혜)"을 강조합니다. "나는 하나님께 사랑받는 존귀한 존재"라는 정체성이 아이의 내면에 뿌리내릴 때, 비로소 관계의 혁명이 시작됩니다. 사랑의 탱크가 가득 채워진 아이는 더 이상 타인의 인정에 목매지 않습니다. 비교와 불안에서 자유로워집니다.

우리는 아이들에게 이렇게 가르칩니다.

"우리는 사랑을 구걸하러 다니는 존재가 아닙니다. 이미 받은 십자가의 사랑을 세상에 흘려보내는 통로입니다."

이 정체성이 확립될 때, 아이들은 관계 속에서 이기적인 계산보다 섬김을, 경쟁보다 협력을, 상처 주기보다 회복을 선택하는 영적 의지를 갖게 됩니다. 이것이 바로 우리가 추구하는 '의(意)'의 기초 체력입니다.

비전의 확장: 교실 밖에서 배우는 하나님의 시야

관계적 자아를 확립한 아이들에게 필요한 것은 '시야의 확장'입니다. 우물 안 개구리처럼 나만의 세계에 갇히지 않고, 하나님이 만드신 넓은 세상을 바라보며 자신의 사명을 발견해야 합니다. 이를 위해 전인기독학교는 교실 밖으로 나가는 다양한 탐방 프로그램, 즉 '비전 트립(Vision Trip)'을 교육과정의 필수 요소로 운영하고 있습니다. 이것은 단순한 수학여행이 아니라, 하나님의 뜻을 발견하는 거룩한 여정입니다.

(1) 1박 2일 학급 재량활동 (5~11학년)

매년 6월, 각 학급은 교실을 떠나 1박 2일간의 여행을 떠납니다. 중요한 것은 장소가 아니라 과정입니다. 담임교사와 학생들이 머리를 맞대고 기획부터 실행까지 모든 과정을 주도합니다. 어디를 갈지, 예산은 어떻게 쓸지, 무엇을 먹을지 의논하며 의견을 조율하는 과정 자체가 살아있는 관계 훈련입니다. 갈등을 조정하고 합의를 이끌어내며, 아이들은 교과서로는 배울 수 없는 '함께 사는 법'을 터득합니다.

(2) 울릉도·독도 탐방 (9학년)

중등 과정을 마무리하는 시기, 학생들은 동해의 거친 파도를 헤치고 우리 땅 독도를 밟습니다. 태고의 신비를 간직한 울릉도의 자연 속에서 창조주 하나님의 위대함을 느끼고, 독도라는 역사적 현장에서 조국을 사랑하는 마음을 키웁니다. 험난한 뱃길과 등반 과정에서 서로의 짐을 들어주고 격려하며 끈끈한 전우애를 다집니다.

(3) 말레이시아 선교여행 (10학년)

고등 과정의 시작점에서 아이들은 해외 선교지라는 낯선 땅으로 나아갑니다. 이것은 전인기독학교 '의(意)' 교육의 하이라이트입니다. 말도 통하지 않고 문화도 다른 그곳에서, 아이들은 자신들이 갈고닦은 태권무, 부채춤, 워십, 찬양 등을 통해 복음을 전합니다.

현지인들을 섬기며 흘리는 땀방울 속에서 아이들은 놀라운 깨달음을 얻습니다.

"아, 내가 공부하는 이유는 나 혼자 잘 먹고 잘살기 위함이 아니라, 누군가를 돕기 위함이구나!"

이 강렬한 체험은 아이들의 인생 방향을 '성공(Success)'에서 '섬김(Service)'으로, '야망(Ambition)'에서 '소명(Calling)'으로 전환하는 결정적인 계기가 됩니다. 이것이 바로 'Not for Self(나를 위함이 아닌)'의 삶을 사는 의로운 리더의 출발점입니다.

(4) 백두-한라 통일 탐방

우리는 통일 세대를 준비합니다. 백두산 천지에 올라 북녘 땅을 바라보고, 한라산 백록담을 밟으며 분단된 조국의 회복을 위해 기도합니다. 이 '땅 밟기'는 단순한 등산이 아닙니다. 민족의 아픔을 내 아픔으로 느끼고, 통일 한국의 주역으로 자라나겠다는 거룩한 의지를 다지는 영적 행진입니다.

달란트의 재해석: 과시가 아닌 섬김의 도구 (SHAPE)

일반 학교의 특별활동(CA)이 입시 스펙을 쌓거나 학업 스트레스를 푸는 취미 활동에 머무는 경우가 많다면, 전인기독학교의 CA는 그 목적이 다릅니다. 우리는 이것을 '하나님이 주신 달란트 계발'의 장으로 정의합니다.

우리는 각 학생이 가진 고유한 특성을 파악하기 위해 'SHAPE'라는 개념을 도입했습니다.

- *Spiritual Gifts* (영적 은사)
- *Heart* (마음, 열정)
- *Abilities* (타고난 재능)
- *Personality* (기질, 성격)
- *Experience* (경험)

하나님은 이 5가지 요소를 각기 다르게 조합하여 한 명 한 명을 독특한 걸작품으로 만드셨습니다. 워십반, 코딩반, CNN 청취반, 공예반, 생활체육반, 예닮(예배인도) 등 다양한 클럽 활동은 자신이 어떤 SHAPE를 가진 존재인지 발견하는 실험실입니다.

중요한 것은 "얼마나 잘하느냐(Skill)"가 아니라, "이 재능으로 공동체를 어떻게 유익하게 할 것인가(Service)"입니다. 재능은 나를 과시하는 도구가 아니라, 이웃을 섬기는 도구임을 가르칩니다.

더 나아가 학생들은 스스로 필요를 느껴 '자율 동아리'를 조직하기도 합니다. 교사가 시켜서 하는 것이 아니라, 스스로 문제를 정의하고 해결책을 찾아가며 지식을 융합하고 적용합니다. 이 주도적인 과정 속에서 아이들은 자신의 달란트가 공동체 안에서 어떻게 쓰임 받는지 경험하며, 건강한 자존감과 효능감을 얻게 됩니다.

스쿨패밀리: 학교를 너머 가족의 관계로 나아가다

기숙사 학교에서 가능한, 고학년부터 막내학년까지 구성하여 가족으로 형성합니다. 최고학년이 가장이 되어서 1년간 맺어진 동생들을 위해 기도해주며 가르치고 이끌어주는 프로그램입니다. 모든 교내 행사에서 함께 하기에 끈끈한 애정이 생깁니다.

특히 '국토행군'에서는 손 잡아주고, 업어주고, 등 밀어주는 등 그 헌신의 모습이 빛을 발합니다.

리더십의 혁명: 반장이 아니라 '섬김이'입니다

전인기독학교의 교실 풍경에는 다른 학교와 다른 점이 하나 있습니다. 권력의 상징처럼 여겨지던 '반장'이라는 직책이 없다는 것입니다. 대신 우리에게는 '섬김이'가 있습니다.

일반적으로 학교의 임원 선거는 인기 투표나 성적순으로 결정되곤 합니다. 그리고 선출된 임원은 학생들 위에 군림하거나, 선생님의 심부름을 하며 특권 의식을 갖기 쉽습니다. 하지만 우리는 예수님이 보여주신 리더십의 원리를 교실에 그대로 적용하고자 했습니다.

"인자가 온 것은 섬김을 받으려 함이 아니라 도리어 섬

기려 하고…" (막 10:45)

이 말씀에 근거하여 우리는 '섬김이 제도'를 운영합니다. 학급 섬김이, 도서관 섬김이, 방송반 섬김이, 기숙사 섬김이, 식당 배식 섬김이, 학교 텃밭 가꾸기 섬김이 등 학교 곳곳에는 섬김의 자리들이 있습니다.

아이들은 돌아가며 가장 낮은 자리에서 친구들을 위해 땀을 흘립니다. 남들이 기피하는 3D(Difficult, Dirty, Dangerous) 역할을 자처합니다. 빗자루를 들고 교실을 쓸고, 친구들이 먹을 밥을 퍼주고, 무거운 짐을 나릅니다. 이 과정을 통해 아이들은 "리더십은 높은 자리에서 지시하는 것이 아니라, 친구의 필요를 채워주기 위해 허리를 굽히는 것"임을 머리가 아닌 몸으로 체득합니다. 이것이야말로 세상이 흉내 낼 수 없는 '예수 닮은 작은 제자'를 길러내는 가장 강력한 훈련입니다.

정서의 밭을 기경하다: 의지가 자라나는 토양

마지막으로, 관계를 맺고 섬기는 의지(意)가 튼튼하게 자라려면 그 바탕이 되는 마음의 밭, 즉 '정서(Emotion)'가 건강해야 합니다. 감각이 둔해지면 몸이 병들 듯, 정서가 메마르면 관계가 병들고 공감 능력이 사라집니다.

오늘날 많은 청소년이 분노 조절 장애나 무기력증을 겪는 이유는 정서적 결핍 때문입니다. 하나님이 주신 선물인 감정을 억압하거나, 입시 경쟁 속에서 정서가 황폐해졌기 때문입니다.

그래서 전인기독학교는 아이들의 감성을 깨우고 정서를 함양하는 일에 진심을 다합니다.

동송 동요 가곡제 스마트폰 속 자극적인 음악 대신, 순수한 가사와 멜로디를 부르며 맑은 감성을 회복합니다.

자연 체험 활동 래프팅으로 급류와 싸우고, 레일바이크를 타며 바람을 느끼고, 자전거 하이킹을 하며 땀 흘립니다. 대자연 속에서 호연지기를 기르며 억눌린 스트레스를 건강하게 해소합니다.

전인음악제 학교 교육과정에서 배운 악기로 매년 정기음악제를 개최하여 무대의 주인공을 경험하며 성취감과 자신감을 얻습니다.

봉사 섬김 활동 학기에 두 번 학급별 봉사활동을 통해 주변의 아픈 이웃을 돌보며 '네 이웃을 네 몸과 같이 사랑하라'는 말씀을 실천합니다. 장애시설, 노인시설, 취약계층 돌봄을 대상으로 참여하며, 정성을 다하여 수고하며 섬기는 삶의 의미와 보람을 배웁니다.

이러한 풍성한 정서적 경험들은 아이들의 마음 근육을 유연하게 만듭니다. 마음이 넉넉해지니 친구의 실수를 용납할 여유가 생기고, 힘든 상황에서도 유머를 잃지 않는 회복탄력성을 갖게 됩니다. 건강한 정서는 건강한 의지를 낳고, 건강한 의지는 건강한 관계를 낳습니다.

의(意), 세상의 빛이 되는 관계의 힘

정리하자면, 전인기독학교가 추구하는 '의(意)' 교육은 단순히 착한 아이를 만드는 것이 아닙니다. 감정을 관리하는 수준을 넘어, 하나님께 받은 사랑을 기반으로 관계를 세우고 사랑을 흘려보내는 능력을 형성하는 교육입니다.

전인기독학교가 길러내는 '의(意)'의 사람은 독불장군이 아닙니다.

나 혼자 빨리 가는 사람이 아니라, 함께 멀리 가는 사람입니다.

우리는 아이들이 '자신을 위해 사는 삶'에서 '하나님과 이웃을 위해 뜻을 세우고 걸어가는 사랑과 섬김의 삶'으로 살아가길 원합니다.

하나님이 주신 자신의 재능(SHAPE)을 자기 과시가 아닌 공동체 섬김의 도구로 사용하는 사람.

이기적인 세상 한복판에서 갈등을 치유하고 평화를 만드는 화해자(Peacemaker).

예수님의 새 계명(하나님 사랑, 이웃 사랑)을 교과서 속의 글자가 아니라 자신의 손과 발로 실천하는 사람.

하나님이 주신 비전을 발견하고(탐방), 그 비전을 위해 자신의 재능을 갈고닦으며(CA), 낮은 자세로 이웃을 섬기고(섬김이), 건강한 정서로 세상을 품을 줄 아는 사람.

이런 아이들이 자라나 사회 곳곳에 들어갈 때, 경쟁과 분열로 얼룩진 이 세상은 조금씩 변화될 것입니다. 나의 유익이 아니라 하나님의

의(義)를 먼저 구하는 아이들. 이들이야말로 하나님이 이 시대에 찾으시는 의로운 용사들입니다.

정(情)이 "마음을 다스려 사랑할 줄 아는 사람"을 만드는 교육이라면, 의(意)는 "그 사랑을 따라 뜻을 정하고, 계발하고, 끝까지 걸어가는 사람을 만드는 교육"입니다.

이것이 바로 우리가 꿈꾸는 '의로운 사람'의 모습이자, 이 땅의 무너진 교육을 다시 세울 수 있는 유일한 희망입니다.

전인교육은 머리만 채우는 교육이 아닙니다. 가슴을 뜨겁게 하고, 손발을 움직이게 하여, 마침내 하나님과 사람 앞에 온전한 모습으로 서게 하는 거룩한 훈련입니다. 이 훈련을 통과한 우리 아이들이 장차 이 나라와 열방을 섬기는 진정한 리더로 우뚝 설 것을 우리는 확신합니다.

제10장

체(體), 거룩한 성전(Temple)을 세우는 땀방울

부제: 영성과 지성을 끝까지 감당하게 하는 '거룩한 그릇' 만들기

"목사님, 우리 애는 공부할 시간도 부족한데 잠은 좀 실컷 재우면 안 될까요?"

"운동은 나중에 대학 가서 해도 늦지 않아요. 지금은 체력보다 성적이죠."

입학 상담을 하다 보면 학부모님들께 가장 많이 듣는 이야기입니다. 대한민국의 치열한 입시 현실에서 아이들의 '몸'은 언제나 희생의 대상 1순위입니다. 성적을 1점이라도 더 올리기 위해 잠을 줄이는 것은 미덕이고, 책상에 오래 앉아있기 위해 운동을 포기하는 것은 당연한 투자로 여겨집니다.

하지만 그 결과, 우리 아이들의 몸은 어떻게 되었습니까?

20대의 몸을 가졌지만 60대의 체력을 가진 '약골'들이 교실을 채우고 있습니다. 척추는 휘고, 거북목에 시달리며, 조금만 무리해도 쓰러지는 만성 피로 증후군을 앓습니다. 몸이 무너지니 정신도 쉽게 무너집니다. 짜증이 늘고, 우울감이 찾아오며, 작은 스트레스도 견디지 못합니다.

전인기독학교가 말하는 전인교육의 마지막 완성, '체(體)'는 바로 이 무너진 몸의 질서를 하나님 안에서 다시 세우는 혁명입니다. 우리는 아이들과 부모님께 단호하게 선포합니다.

"몸이 무너지면 영성도, 지성도, 사명도 담을 수 없다."

성(聖)의 거룩함도, 지(智)의 탁월함도, 정(情)의 자신과의 싸움도, 의(意)의 하나님과 다른 사람과의 관계도 결국은 '체(體)'라는 그릇에 담겨야 비로소 세상 속에서 힘을 발휘합니다. 그렇기에 우리에게 체육 시간과 생활 관리는 노는 시간이 아닙니다. 가장 기초적이고 필수적인 '신앙 훈련'이자, 끝까지 달리기 위한 '생존 훈련'입니다.

체(體)의 신학: 몸은 '나의 것'이 아니라 '성령의 집'입니다

세상 교육에서 체육은 '입시 점수'를 위한 도구이거나, '스트레스 해소용' 정도의 위치를 가집니다. 혹은 외모지상주의에 편승하여 '몸짱'이 되기 위한 수단으로 전락하기도 합니다. "내 몸이니 내 마음대로 하겠다"며 쾌락을 좇거나 학대하는 것이 세상의 풍조입니다.

하지만 전인기독학교는 몸의 소유권(Ownership)을 바르게 정의하는 것에서부터 교육을 시작합니다. 우리의 교육 철학은 성경 고린도전서 6장 19-20절에 뿌리를 두고 있습니다.

> "너희 몸은 너희가 하나님께로부터 받은 바 너희 속에 계신 성령의 전인 줄을 알지 못하느냐 너희는 너희 자신의 것이 아니라 값으로 산 것이 되었으니 그런즉 너희 몸으로 하나님께 영광을 돌리라"

① 성전(Temple)을 관리하는 청지기

이 말씀은 우리에게 엄청난 책임감을 부여합니다. 내 팔, 내 다리, 내 심장이 내 것이 아니라 '하나님의 것'이며, 하나님이 거하시는 '거룩한 성전'이라는 선언입니다.

이 정체성이 확립되면 아이들은 몸을 함부로 대할 수 없습니다. 건강을 해치는 나쁜 습관, 게으름, 혹은 무리한 혹사로부터 몸을 지켜야 할 거룩한 의무가 생깁니다. 우리는 이것을 '몸의 청지기(Steward) 훈련'이라고 부릅니다.

② 잘 보이기 위함이 아니라, 잘 쓰임 받기 위해

체(體) 교육의 목표는 남들에게 잘 보이기 위한 외모 가꾸기가 아닙니다. 하나님이 부르실 때 언제든지 달려갈 수 있는 '최상의 상태(Best Condition)'를 유지하는 것입니다.

아무리 뛰어난 실력(지)과 뜨거운 열정(의)이 있어도, 몸이 아프면 사명을 감당할 수 없습니다. 병상에 누워있는 장수는 전쟁터에 나갈 수 없습니다. 그래서 건강관리는 나를 위한 것이 아니라, 하나님께 영광을 돌리기 위한 가장 구체적이고 실제적인 예배입니다.

체(體)의 기초: 하루를 이기는 힘, 새벽을 깨우다

전인기독학교 홍천 캠퍼스의 아침은 남들보다 이른 새벽 6시에 시작됩니다. 아직 어둠이 가시지 않은 운동장에 전교생이 모입니다. '매일 새벽 운동'은 우리 학교의 가장 강력한 전통 중 하나입니다.

① 존 웨슬리의 영적 야성을 배우다

감리교의 창시자 존 웨슬리 목사님은 어릴 적 병약한 체질이었습니다. 하지만 그는 매일 아침 일찍 일어나 운동장을 뛰며 체력을 키웠고, 그 강인한 체력으로 88세까지 말을 타고 지구 몇 바퀴 거리를 순회하며 복음을 전했습니다. 이를 바탕으로 목사님이 세운 킹스우드학교도 새벽 5시에 일어나 예배와 운동, 노작 활동을 했습니다.

우리 아이들은 그 영적 거인의 습관을 배웁니다. 졸린 눈을 비비며 따뜻한 이불 속에서 나오는 것은 매일 아침 벌어지는 자신과의 싸움입니다. 하지만 그 싸움에서 승리하고 운동장에 섰을 때, 아이들은 이미 하루를 이긴 것입니다.

② 뇌를 깨우고 키를 키우다

새벽 공기를 가르며 밝은 음악에 맞춰 줄넘기를 하고, 운동장을 조깅합니다. 이 시간은 잠들어 있던 근육을 깨우고, 뇌에 신선한 산소를 공급하는 시간입니다. 아침에 몸을 움직인 아이들은 1교시 수업 시간에 조는 법이 없습니다. 뇌가 이미 활성화되어 있기 때문입니다.

특히 수직으로 점프하는 줄넘기 동작은 성장판을 자극합니다. 학기가 지날수록 눈에 띄게 키가 자라는 아이들을 보며 우리는 확신합니다. "새벽을 깨우는 자가 영적으로도, 육적으로도 성장한다."

체(體)의 도전: 한계를 넘어서는 땀방울

전인기독학교의 체육활동은 기초체력을 함양하며 다양한 종목을 경험하며 익히도록 합니다. 이를 통해 아이들이 땀을 흘리며 자신의 한계를 넘어서는 경험을 하도록 체계적인 프로그램을 운영합니다.

① 스포츠맨십을 배우는 '화요 스포츠'

매주 화요일 오후는 '스포츠 클럽' 시간입니다. 학생들은 축구, 배구, 농구, 탁구 중 하나를 선택해 1년 동안 전문 코치에게 깊이 있게 배웁니다.

스포츠 경기를 통해 규칙(Rule)을 지키는 준법정신, 팀원과 협력하는 팀워크, 승패를 깨끗이 인정하는 겸손함을 배웁니다.

"나보다 잘하는 친구를 질투하지 않고 박수 보내기", "실수한 친구를 비난하지 않고 격려하기". 교실 책상에서는 결코 배울 수 없는 이 귀한 '몸의 사회학'을 아이들은 땀 흘리는 운동장에서 배웁니다.

② 다양한 스포츠를 배우는 학교 교육

초등학교부터 정규 교육과정에 수영, 태권도, 무용, 배드민턴 등 기본 스포츠를 배우고 방학기간에는 스키, 스노우보드, 수영캠프를 통해 다양한 스포츠를 경험하며 익힙니다.

③ 자연을 품는 다양한 레저 활동

봄·가을에는 강촌의 물줄기를 따라 자전거와 레일바이크를 타고, 여름에는 급류를 헤쳐 나가는 래프팅을, 겨울에는 스키와 보드 캠프를 떠납니다.

한 배에 탄 선후배와 선생님이 구령에 맞춰 노를 저으며 급류를 통과할 때, 공동체는 하나가 됩니다. 자연 속에서 호연지기(浩然之氣)를 기르고, 두려움을 이기는 용기를 체득합니다.

체(體)의 절제: 유혹과 중독을 이기는 거룩한 습관

오늘날 청소년들의 몸을 위협하는 가장 큰 적은 '중독'입니다. 전인기독학교는 세상의 유해한 문화로부터 아이들의 몸과 영혼을 지키기 위해 거룩한 울타리를 칩니다.

① 스마트폰 없는 자유

우리 학교는 기숙사 내 스마트폰과 게임기 반입을 엄격히 제한합니다. 이것은 억압이 아닙니다. '디지털 디톡스'를 통해 아이들에게 진짜 자유를 선물하는 것입니다.

스마트폰이 사라진 손에 책과 공이 들립니다. 가상 세계가 아닌 현실 세계에서 친구와 눈을 맞추고, 땀 흘려 뛰어노는 기쁨을 알게 합니다. 유혹을 참는 수준을 넘어, 더 좋은 즐거움을 선택하는 능력을 기르는 것입니다.

② 거룩한 경계선: 5-NO

술, 담배, 약물, 음란물, 폭력. 이 5가지는 우리 학교에서 절대 용납되지 않는 '5-NO'입니다.

단순히 학교 규칙을 어기는 문제가 아닙니다. "성령의 전을 더럽히지 말라"는 영적 명령입니다.

혹여 실수가 발생하더라도 단순 처벌로 끝내지 않습니다. 회개와 상담, 회복 프로그램을 통해 아이가 스스로 죄를 끊어내고 다시 거룩함을 회복하도록 돕습니다.

③ 잠이 능력이다 (수면 교육)

많은 학생이 "시간이 없어서 못 잔다"고 핑계 댑니다. 하지만 우리는 진단합니다. "시간이 없는 게 아니라, 절제하지 못해 안 자는 것이다."

스마트폰을 하느라, 잡담하느라 밤을 새우는 것은 미련한 것입니다. 우리는 "잘 자는 것이 실력이다"라고 가르칩니다. 정해진 시간에 불을 끄고 눕는 절제, 내일의 사명을 위해 오늘 밤의 유희를 멈추는 결단. 충분한 수면을 통해 뇌와 몸을 회복시키는 것이야말로 탁월한 학습자가 되는 비결입니다.

체(體)의 영양: 밭에서 식탁까지, 바른 먹거리

건강한 신체는 운동만으로 만들어지지 않습니다. 무엇을 먹느냐가 곧 그 사람을 만듭니다.

① 땀으로 거둔 식탁

학교 밭에는 아이들이 직접 심은 상추, 배추, 고추, 옥수수, 고구마, 토마토가 자랍니다. 땀 흘려 가꾼 이 작물들은 급식 재료가 됩니다.

5대 영양소가 고루 갖춰진 식단, 갓 재배한 신선한 재료로 만든 하루 3끼 식사. 인스턴트와 자극적인 맛에 길들여진 아이들의 입맛을 자연의 맛으로 되돌립니다.

② 감사가 있는 식사

우리는 음식을 남기지 않는 습관, 편식하지 않는 태도를 강조합니다. 또한 간식으로 제공되는 우유와 견과류는 성장기 두뇌 발달을 돕습니다.

식사 때마다 농부의 수고와 하나님의 은혜에 감사 기도하는 아이들. 이 건강한 식습관은 아이들의 몸뿐만 아니라 마음까지 건강하게 살찌웁니다.

체(體)의 축제: 온 가족이 하나 되는 '온전체'

일 년에 한 번, 전인의 모든 가족이 모이는 '온전체(온가족 전인 체육대회)'가 열립니다.

이날은 그동안 갈고닦은 체력을 유감없이 발휘하는 축제의 장입니다. 승패를 떠나 서로를 응원하고, 부모님과 자녀가 손잡고 달리며, 선배가 후배를 업어주는 모습 속에서 우리는 '체(體)' 교육의 열매를 확인합니다.

경쟁자가 아닌 동역자로, 개인의 몸이 아닌 공동체의 몸으로 하나 되는 기쁨. 이것이 우리가 추구하는 건강한 공동체의 모습입니다.

끝까지 달릴 수 있는 '거룩한 그릇'

전인기독학교의 '체(體)' 교육은 한 문장으로 요약됩니다.

> *"성령의 전(殿)인 몸을 건강하고 거룩하게 관리하여, 세상의 유혹을 이기고, 하나님이 주신 소명을 끝까지 감당하게 하는 힘."*

영혼이 깨끗하고, 지성이 날카로우며, 마음이 따뜻하고, 의지가 굳건하며, 몸이 건강한 아이.

우리는 이들을 '온전한 사람(Whole Person)'이라 부릅니다.

전인기독학교는 오늘도 교실에서, 예배당에서, 그리고 운동장에서 이 온전한 하나님의 사람들을 길러내고 있습니다.

4부

교실에서 시작된 기적, 가정을 춤추게 하다

숫자가 증명하고
삶이 간증하는 교육의 열매

하나님이 설계하신
'온전한 교육'

제1장

99%의 만족,
그 불가능한 숫자의 비밀

부제: 데이터로 검증된 기독교 학교의 확실한 대안성

목회자로 그리고 지난 20년간 한 기독교 학교를 책임져 온 교장으로서 저는 늘 스스로에게 두 가지 무거운 질문을 던집니다.

"우리가 가고 있는 이 길이 과연 정답인가?"

"우리는 무너져가는 대한민국 공교육의 진정한 대안이 되고 있는가?"

이 질문은 저 혼자만의 고뇌가 아닙니다. 이 땅의 모든 크리스천 부모님이 자녀의 책상에 놓인 교과서를 들춰보며, 밤잠을 설치며 던지는 절박한 질문입니다. 비인가 학교라는 현실적인 제약, 국가의 재정 지원이 전무한 상황에서 오롯이 학부모의 부담으로 운영되어야 하는 경제적 장벽, 그리고 여전히 명문대 합격만이 성공의 척도가 되는 거센 입시 위주의 사회 분위기 속에서, '기독교 학교'라는 좁고 외로운 길을 선택한다는 것은 결코 가벼운 믿음의 결단이 아니기 때문입니다.

그래서 저는 박사학위 논문을 준비하며, 바로 이 길을 함께 걷고 있는 전인기독학교 재학생 학부모님들을 대상으로 아주 냉정하고 객관적인 실태조사를 진행했습니다. 때로는 뜨겁고 주관적일 수 있는 감정 섞인 간증을 넘어, 누구도 부인할 수 없는 숫자를 통해 우리 학교의 현주소를 있는 그대로 확인하고 싶었기 때문입니다. 그리고 마침내 수집된 데이터를 분석하던 날, 저는 책상 앞에서 한참 동안 벅차오르는 가슴을 쓸어내려야 했습니다. 건조해 보이는 숫자들 속에는, 세상의 조롱과 염려를 뒤로하고 믿음의 길을 선택한 우리 부모님들의 간절한 기도와 학교를 향한 뜨거운 신뢰가 고스란히 녹아 있었기 때문입니다.

지금부터 보여드릴 데이터는 단순히 한 작은 학교의 성공 스토리가 아닙니다. 이것은 캄캄한 교육 현실 속에서 빛을 찾아 헤매는 모든 이들에게, 한국 교육이 나아가야 할 또 다른 길이 있음을 보여주는 '희망의 보고서'이며, 기독교 학교가 공교육의 가장 확실한 대안이 될 수 있음을 증명하는 구체적인 증거입니다.

1. 도망친 곳이 아니라, 간절히 '찾아온' 곳입니다

일반적으로 '대안학교'라고 하면, 많은 사람이 두 가지 편견을 갖습니다. 하나는 공교육 시스템에 적응하지 못하거나 소위 '문제아'로 낙인찍힌 아이들이 어쩔 수 없이 가는 '도피처'라는 부정적인 시선입니다. 또 다른 하나는 특별한 교육을 원하는 소수 상류층을 위한 '귀족학교'라는 오해입니다. "학교가 싫어서 나왔겠지", "갈 데가 없어서 갔겠지"라는 세간의 편견 속에서 기독교 학교 역시 그 본질을 오해받는 경우가 많습니다.

하지만 저희가 진행한 설문조사 결과는 이러한 편견을 정면으로 반박하며, 학부모님들이 왜 이곳을 선택했는지에 대한 전혀 다른 이야기를 들려주었습니다.

'기존 공교육 기관에 대한 불만족' 때문에 우리 학교를 선택했다는 응답은 고작 13.6%에 불과했습니다. 반면, '기독교적 가치'(51.7%)와 '전인교육'(24.6%)이라는 분명한 목적을 위해 이곳을 선택했다는 응답은 합쳐서 76.3%에 달했습니다.

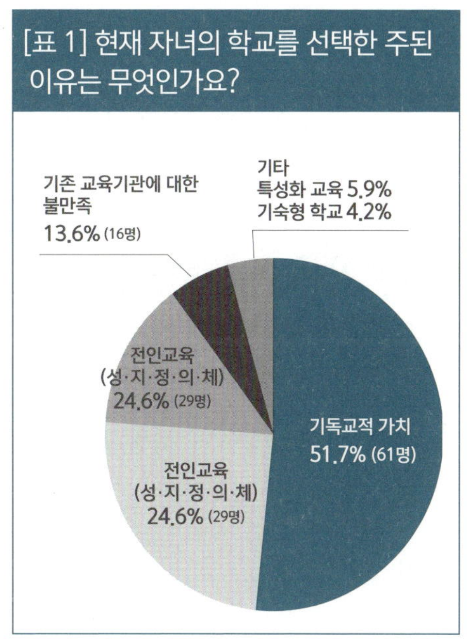

이 숫자는 우리에게 매우 중요한 사실을 증명합니다. 우리 학부모님들은 공교육 시스템에서 실패했거나 적응하지 못해서 어쩔 수 없이 도망쳐 나온 '교육적 난민'이나 '패배자'가 아니라는 것입니다. 오히려 인본주의와 세속주의로 물든 세상 교육의 흐름 속에서 "내 아이만큼은 하나님의 말씀과 성경적 세계관으로 길러내겠다"는 교육 철학을 붙잡으며 능동적으로 '선택'한 용기 있는 믿음의 개척자들입니다.

실제로 많은 부모님이 입학 상담 과정에서 눈물로 이렇게 고백하십니다.

"교장 목사님, 일반 학교의 무신론적 교육과 무한 경쟁 구도가 아이의 맑은 영혼을 병들게 하는 것을 더 이상 지켜볼 수 없었습니다. 저는 단순히 지금보다 조금 나은 차선책(Alternative) 대안학교를 찾으러 온 것이 아닙니다. 저는 성경적 원리에 의해 교육하는 기독학교를 찾고 있었습니다. 바로 그런 학교를 이곳에서 발견한 것 같습니다."

이 데이터와 고백들은 기독교 학교가 더 이상 공교육의 부족한 부분을 땜질하는 '보완재'나 '대체재'가 아님을 분명하게 증명합니다. 기독교 학교는 다음 세대에게 거룩한 신앙을 전수하는 일을 결코 포기할 수 없는 가정들이 세상의 모든 편견과 현실적 어려움을 무릅쓰고 마지막 희망으로 찾아오는 가장 적극적이고 본질적인 교육의 현장입니다.

2. "성공" 대신 "영광"을 선택한 위대한 결단

그렇다면, 이처럼 적극적인 믿음의 선택으로 자녀를 기독교 학교에 보낸 부모님들이 궁극적으로 바라는 교육의 최종 목적지는 무엇일까요? 그들은 자녀가 어떤 사람으로 성장하기를 기대하고 있을까요?

대한민국 뿐만 아니라 전 세계의 자녀 교육의 목표는 마치 불문율처럼 정해져 있습니다. 바로 '성공'입니다. 대한민국에서는 더 좋은 성적을 받아 소위 'SKY'로 불리는 명문대에 진학하고, 의사나 변호사 같은 안정적이고 수입이 많은 전문직을 얻어 남들보다 더 안락하고 풍요롭게 사는 것을 성공적 삶이라고 여겨왔습니다. 이것은 지난 수십 년간 대한민국 교육 시스템을 움직여 온 거대하고도 슬픈 욕망의 자화상입니다. 크리스천 가정도 예외일 수 없었습니다. "하나님께 영광"을 기도하면서도 정작 자녀 교육의 실제적인 목표는 세상의 성공과 일치하는 경우가 대부분이었습니다.

하지만 우리 학교 부모님들의 대답은 이 거대한 세상의 흐름을 거스르는 충격적인 반전이었습니다. 설문조사의 모든 항목을 통틀어 가장 은혜롭고 가슴 벅찼던 결과가 바로 이 항목에서 나왔습니다.

보이십니까? 이 숫자가 믿어지십니까? 대한민국 부모 집단에서 '성공과 미래를 위한 준비'라고 답한 비율이 단 1.0%에 그쳤습니다. 대신 압도적인 80.8%의 부모님이 '하나님께 영광 돌리는 삶'을 자녀

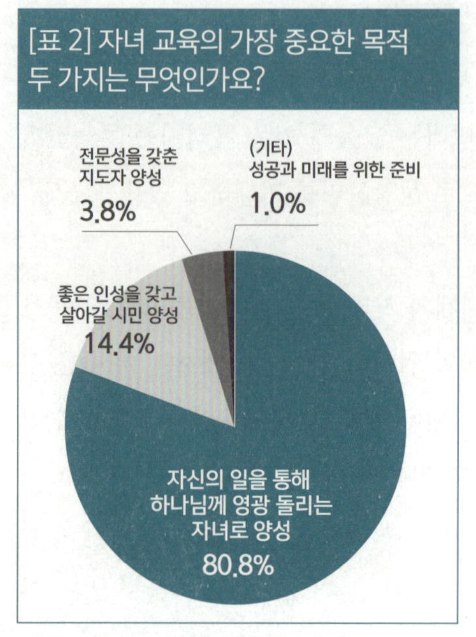

교육의 제1의 목적으로 뚜렷하게 꼽았습니다. '좋은 인성을 갖춘 시민'이라는 응답까지 합하면, 95%가 넘는 부모님들이 세상적인 성공이나 성적보다 자녀의 신앙과 인격을 교육의 최우선 순위에 두고 있음을 명백하게 보여주었습니다.

저는 이 통계 결과를 처음 마주했을 때, 한동안 말을 잇지 못하고 가슴이 먹먹해졌습니다. 어떻게 이 치열한 경쟁 사회의 한복판에서, 이러한 대답이 가능할 수 있었을까? 이 데이터는 부모님들 스스로가 세상이 강요하는 성공의 기준과 욕망이라는 우상을 내려놓고, 자녀의 삶의 주권을 온전히 하나님께 내어드리는 '교육관의 거듭남', 즉 '부모로서의 두 번째 회심'을 경험했다는 강력하고도 감동적인 간증과도 같은 증거입니다.

"솔직히 처음에는 세상적인 욕심이 왜 없었겠습니까. 하지만 이 학교에서 아이가 변하고, 저희 부부가 함께 기도하며 신앙이 성장하는 것을 보면서 깨달았습니다. 내 아이가 세상에서 인정받는 의사가 되고 판사가 되는 것보다, 어디에서 무슨 일을 하든 하나님을 예배하는 사람으로 살아가는 것이 훨씬 더 중요하고 복된 삶이라는 것을요.”

이 고백이 부모의 입술에서 진심으로 터져 나올 때, 비로소 교육은 제자리를 찾고 가정은 회복되기 시작합니다. 부모의 눈이 ‘성공’에서 ‘영광’으로 바뀌니, 더 이상 자녀를 성적 문제로 닦달하지 않게 됩니다. 다른 아이와 비교하며 조급해하는 대신, 내 아이에게 주신 하나님의 고유한 시간표를 믿고 기다려줄 수 있는 여유가 생깁니다. 그 따뜻한 신뢰와 여유 속에서 아이들은 비로소 경쟁의 압박감에서 벗어나 숨을 쉬고, 하나님이 주신 진짜 자신의 꿈을 꾸기 시작합니다.

기독교 학교가 공교육의 진정한 대안이 될 수 있는 가장 근본적인 힘은, 화려한 커리큘럼이나 뛰어난 교사진에 있지 않았습니다. 바로 ‘부모의 가치관의 변화’가 그 열쇠였습니다. 그리고 그 변화야말로 이 땅의 교육을 살리는 가장 위대한 기적입니다.

3. 사교육 공화국에서 일어난 '학원 끊기'의 기적

하지만 부모님들의 교육관이 아무리 성경적으로 바로 선다 한들, 학교가 현실적인 학업 성취를 뒷받침해주지 못한다면 그것은 공허한 외침에 그칠 것입니다. 특히 대한민국이라는 특수한 교육 환경에서 학부모님들이 가장 현실적으로 부딪히는 거대한 장벽은 바로 '입시'와 그로부터 파생된 '사교육' 문제입니다.

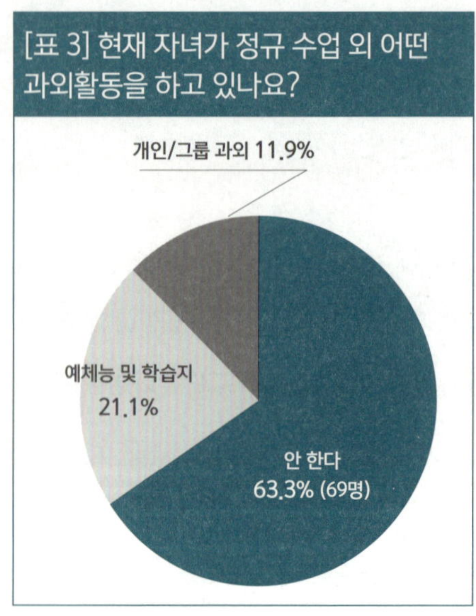

실제로 학부모님들은 설문조사에서 한국 교육의 가장 심각한 문제점으로 '입시 과열'(25.5%)과 그로 인한 '인성교육의 부재'(21.2%), 그리고 이 모든 문제를 야기하고 심화시키는 '과도한 사교육'(13.7%)을 나란히 꼽았습니다. '사교육 공화국'이라는 오명이 부끄럽지 않은 이 땅에서, 학교·밖 학원은 더 이상 선택이 아닌 필수 생존 도구가 되었습니다. 학교 수업만으로는 따라갈 수 없는 진도, 더 높은 점수를 얻기 위한 선행 학습의 무한 경쟁 속에서 가정 경제는 파탄 지경에 이르고, 아이들은 새벽부터 밤늦게까지 학원을 전전하며 영혼 없는 '공부

기계'로 전락하고 있습니다.

이러한 현실 속에서 전인기독학교는 개교 초부터 어쩌면 무모해 보이는 과감한 원칙을 선포했습니다.

"학교가 우리 아이들의 교육을 온전히 책임지겠습니다. 그러니 부디 사교육을 끊고 학교를 믿어주십시오."

학교가 학교 교육의 주도권을 되찾아오겠다는 이 선언은, 사교육 없이는 단 하루도 버틸 수 없을 것 같은 이 땅의 교육 현실 속에서 엄청난 모험이었습니다. 과연 학원 없이는 불안해서 견디지 못하는 부모님들이 이 원칙을 따를 수 있었을까요? 데이터는 다시 한 번, 세상의 상식을 뛰어넘는 놀라운 사실을 보여주었습니다.

놀랍게도, 재학생의 63.3%가 국영수 중심의 사교육을 전혀 받지 않고 있었습니다. 나머지 학생들도 대부분의 활동은 악기나 운동 같은 예체능이거나, 혹은 일시적인 학습 부진을 보충하기 위해 학교 선생님이 직접 요청하고 진행하는 보충 수업이 대부분이었습니다. 소위 말하는 명문대 진학을 위한 '선행 학습' 중심의 고액 입시 학원은 거의 전무했습니다. 사실상 사회에서 통용되는 의미의 '사교육 없는 학교'가 실현되고 있는 것입니다.

이 수치는 한국 교육 현실에서 가히 '기적'에 가깝습니다. 입시 경쟁이 가장 치열해지는 고학년으로 올라갈수록 학원 의존도가 기하급수적으로 높아지는 것이 이 나라의 상식이지만, 우리 학교는 정반대의 현상이 나타납니다. 오히려 학년이 올라갈수록 아이들 스스로 공부하는 '자기주도학습' 역량이 정착되어 사교육 의존도가 현저히 낮아졌습니다.

한 학부모님은 인터뷰에서 이렇게 이야기하셨습니다.

"교장 목사님, 일반 학교 다닐 때는 정말 학원비 대느라 허리가 휠 지경이었습니다. 아이는 밤 10시가 넘어야 파김치가 되어 집에 들어왔고, 가족 간의 대화는커녕 얼굴 마주 보기도 힘들었죠. 그런데 이 학교에 오고 나서 용기를 내어 학원을 다 끊었습니다. 솔직히 처음 몇 달은 성적이 떨어질까 봐 불안해서 밤잠을 설쳤습니다. 하지만 학교가 책임지고 아이를 붙잡고 가르쳐주시니, 놀랍게도 성적은 오히려 올랐습니다. 그리고 무엇보다 가장 큰 선물은, 매일 저녁 식탁에 온 가족이 둘러앉아 하루의 일과를 나누며 웃음꽃을 피우게 된 것입니다. 경제적으로도, 관계적으로도 가정에 진정한 평화가 찾아온 겁니다."

이것이 기독교 학교가 이 땅의 공교육에 제시하는 가장 강력하고 실제적인 대안성입니다.

학교가 사교육이 필요 없는 '책임 교육(Responsibility)'이라는 본질을 회복할 때, 가정은 비로소 '쉼과 사랑'이라는 본래의 기능을 되찾습니다. 사교육비로 줄줄 새어 나가던 재정은 가족의 행복과 이웃을 위한 나눔을 위해 쓰이고, 학원을 오가며 길 위에서 허비하던 아이들의 귀한 시간은 독서와 묵상, 그리고 가족과의 대화로 채워집니다.

우리는 지난 20년간의 과정을 통해, 사교육 없이도 충분히 실력 있고 인성 바른 인재를 키워낼 수 있음을 결과(입시 포함)와 삶으로 증명해 냈습니다. 그리고 그 증명은, 지금 이 순간에도 전인기독학교의 교실과 가정에서 계속되고 있습니다.

4. 99%의 만족, 그것은 '신뢰'의 다른 이름입니다.

그렇다면, 이처럼 세상과는 다른 가치관과 방식으로 운영되는 기독교 학교의 교육 과정에 대해, 학부모님들의 최종적인 만족도는 과연 어떠했을까요?

솔직히 말해, 기독교 학교를 선택하는 것은 수많은 현실적인 불편을 감수해야 하는 일입니다. 교육부로부터 정식 인가를 받지 못한 '비인가 학교'라는 법적 불안함, 무상 교육 시대에 적지 않은 학비를 스스로 부담해야 하는 경제적 압박, 그리고 여전히 존재하는 사회적인 편견까지. 이러한 모든 악조건 속에서도 과연 학부모님들은 자신의 선택에 만족하고 있었을까요? 결과는 예상을 뛰어넘어 압도적이었습니다.

놀랍게도 '보통이다'라는 중립적인 응답까지 포함하여 학교 교육

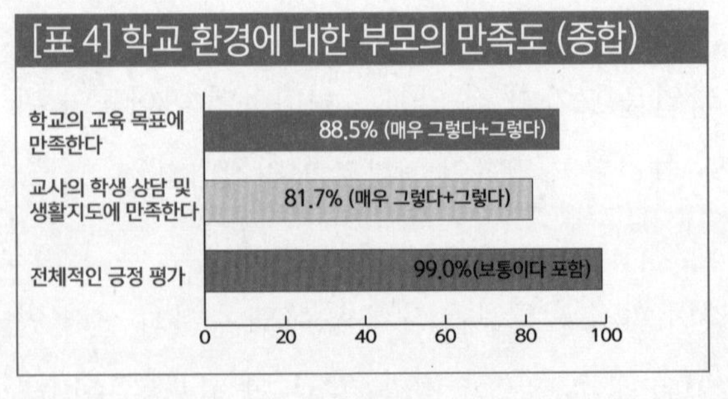

전반에 대해 긍정적인 평가를 한 비율이 무려 99%에 이르렀습니다. 사실상 거의 모든 학부모가 학교 교육에 만족하고 있다는 의미입니다. 특히 우리가 주목해야 할 점은, 세부 항목 중에서 '교사에 대한 만족도'와 '학생 상담 및 생활 지도' 항목에서 매우 높은 점수가 나왔다는 사실입니다.

오늘날 우리는 교권이 땅에 떨어지고, 학생과 학부모가 교사를 고소하며, 교사와 학부모가 서로를 불신하는 비극적인 뉴스를 매일같이 접하고 있습니다. 교육의 가장 기본이 되어야 할 신뢰 관계가 완전히 무너진 것입니다. 하지만 기독교 학교에서는 세상과 정반대의 일이 일어나고 있습니다. 학부모는 교사를 자녀의 영혼을 맡기는 진정한 '스승'으로 존경하고 신뢰하며, 교사는 학생을 단순히 가르쳐야 할 대상이 아닌 '내 자녀'처럼 여기며 눈물로 기도하고 그 삶을 돌봅니다. 학부모 가운데 한 어머니가 '전인기독학교 교사'를 "객관성을 가진 부모"라 표현했습니다. 이 표현이야 말로 부모가 교사에게 존경의 마음을 담아 할 수 있는 극찬과 감사의 마음일 것입니다.

설문에 참여한 한 학부모님께서 주관식 답변란에 남겨주신 이 글은, 이러한 관계의 본질을 압축적으로 보여주며 저의 눈시울을 붉혔습니다.

"지금까지 저희 아이의 담임 선생님들은 존경하는 마음이 저절로 생길 만큼 좋은 분들이셨습니다. 기독교사로서의 그 무거운 사명감 앞에, 부모로서 고개가 숙여질 때가 많았습니다. 단순히 아이의 성적표만이 아니라, 그 아이의 영혼의 상태까지 꼼꼼하게 짚어주시고 함께 아파하며 기도해 주시는 선생님이 곁에 계시다는 사실이 얼마나 든든한지 모릅니다."

만족도 99%. 교육계에서는 불가능하다고 말하는 이 기적적인 숫자는, 결코 화려한 학교 건물이나 최첨단 스마트 교육 기자재가 만들어낸 것이 아닙니다. 그것은 돈으로 살 수 없는 가장 강력한 자산, 바로 '신뢰(Trust)'가 빚어낸 숫자입니다.

학교는 가정을 위해 기도하고, 가정은 학교를 믿고 교육의 주권을 온전히 맡기는 끈끈한 신뢰의 연합(Union). 이것이야말로 무너진 공교육이 처참하게 잃어버린 가장 중요한 가치이며, 세상의 어떤 명문 사립학교도 흉내 낼 수 없는 기독교 학교만의 가장 강력한 무기이자 경쟁력입니다. 이 신뢰의 토대 위에서, 우리의 교육은 비로소 기적을 만들어내기 시작합니다.

5. 기독교 학교는 더 이상 '대안'이 아닙니다

데이터는 거짓말을 하지 않습니다. 지금까지 우리가 살펴본 설문 조사의 차가운 숫자들과 학부모님들의 뜨거운 육성 인터뷰는, 감정적인 기대를 넘어 객관적인 사실로서 전인기독학교의 존재 이유와 그 가능성을 우리에게 분명하게 말해주고 있습니다.

첫째, 데이터는 증명합니다. 오늘날의 부모들은 단순히 성적과 스펙을 넘어, 자녀의 영혼을 살리는 본질적 가치(신앙과 인성)를 얼마나 깊이 갈망하고 있는지 나타냅니다. 이것은 공교육 시스템이 더 이상 채워주지 못하는 시대적 공허함에 대한 분명한 응답입니다.

둘째, 성경적 교육이 단순히 아이들만을 변화시키는 것이 아니라, 부모의 가치관을 근본적으로 바꾸고 무너진 가정을 회복시키는 놀라운 선순환의 출발점이 되고 있음을 보여줍니다. 교육의 변화가 가정의 회복으로 이어지는 기적을 우리는 숫자로 확인했습니다.

셋째, '사교육 공화국'이라는 절망적인 현실 속에서도 '사교육 없는 책임 교육'이 구호가 아닌 현실이 될 수 있으며, 그 결과 가정의 경제적·정서적 삶의 질이 얼마나 극적으로 향상되는지를 입증합니다.

넷째, 그리고 이 모든 과정의 결과로, 교육계에서는 불가능이라 여겨졌던 99%의 만족도와 교사-학부모-학생 간의 끈끈한 신뢰 공동체가 형성되고 있음을 명백히 드러냅니다.

이 차가운 데이터와 뜨거운 고백들 앞에서, 논문의 핵심 연구 문제였던 "비인가 기독교 학교가 과연 무너진 공교육의 대안이 될 수 있는가?"라는 질문에 대해, 저는 이제 한 치의 망설임도 없이 확신을 가지고 대답할 수 있습니다.

"네, 충분히 가능합니다. 아니, 그것을 뛰어넘습니다. 이것이야말로 우리가 잃어버렸고, 다시 찾아야 할 진짜 교육, 바로 하나님이 설계하신 원안(Origin) 교육입니다."

그렇습니다. 기독교 학교는 더 이상 공교육이 실패했기 때문에 어쩔 수 없이 선택하는 차선책(Alternative)이나 도피처가 아닙니다. 그것은 세상의 교육 방식으로는 결코 도달할 수 없는 본질적인 가치를 추구하는 최선책(The Best Way)이며, 하나님께서 이 시대의 교육적 아픔을 치유하고 다음 세대를 일으키기 위해 친히 예비하신 하나님의 대안입니다.

그러므로 우리는 이제 스스로를 묶어왔던 '대안'이라는 꼬리표를 겸손하지만 담대하게 떼어내야 합니다. 세상의 교육이 결코 줄 수 없는 복음의 생명력이, 세상의 학교가 결코 가르칠 수 없는 변치 않는 말씀의 진리가, 그리고 세상의 시스템이 결코 만들어낼 수 없는 십자가의 사랑이 바로 이곳, 기독교 학교 안에 살아 숨 쉬고 있기 때문입니다.

이제 이 놀라운 만족과 통계적 변화가, 이 책의 진짜 주인공들인 우리 아이들의 실제 삶 속에서는 구체적으로 어떻게 피어났는지, 교실과 가정에서 일어난 생생한 변화의 이야기들을 들려드리고자 합니다.

부모님들의 눈물 섞인 고백과 세상의 어떤 빛보다 밝게 빛나는 아이
들의 환한 미소가 담긴 그 기적의 현장으로, 더 많은 한국 교회와 가
정을 정중히 초대합니다.

제2장

10년 후, 당신은 땅을 치며 후회할지도 모릅니다.

부제: 학부모들이 눈물로 써 내려간 미래를 향한 예언

교육은 오늘 작은 씨앗 하나를 심어 100년 뒤의 울창한 숲을 내다보는 일입니다. 그래서 사람들은 교육을 '백년지대계(百年之大計)'라고 부릅니다. 지금 당장 눈앞에 보이는 성적표와 만족도도 물론 중요합니다. 하지만 그것보다 훨씬 더 중요한 것은, '지금 우리가 하고 있는 이 교육이, 우리 아이의 10년, 20년 뒤 인생을 어떤 모습으로 빚어낼 것인가'에 대한 분명한 비전과 확신입니다.

저의 연구 마지막 단계에서, 저는 이 길을 함께 걷고 있는 학부모님들께 다소 도발적일 수 있는 마지막 질문을 던졌습니다.

"부모님이 진심으로 바라보고 예견하는 전인기독학교의 미래는 어떤 모습입니까?"

솔직히, 학교를 책임지고 있는 교장으로서 가장 떨리는 질문이었습니다. '비인가 학교'라는 현실적인 제약, 정부의 지원이 전무한 척박한 재정 상황, 해마다 급변하는 입시제도... 학교를 둘러싼 외부 환경은 여전히 거친 파도가 몰아치는 망망대해와 같습니다. 어쩌면 학부모님들이 그동안 마음에 담아두었던 현실적인 불안함이나, 학교에 대한 구체적인 요구사항들을 쏟아내실 수도 있겠다고 각오했습니다.

하지만 저에게 돌아온 답변들은 저의 모든 예상을 완전히 빗나갔습니다. 그것은 막연한 희망 사항이나 건의 사항이 아니었습니다. 한 문장 한 문장이 자녀의 변화를 통해 얻은 확신에 찬 '예언'이었고, 절망 속에서 희망을 발견하게 해준 학교를 향한 뜨거운 '연애편지'였습니다. 저는 그 꾸밈없는 답변들을 하나하나 읽어내려가며, 책상 앞에 앉아 한참 동안 뜨거운 눈물을 닦아야 했습니다.

지금부터 제가 소개해 드릴 내용은 학부모님들이 설문지와 심층 인터뷰를 통해, 자신의 육필로 꾹꾹 눌러 쓴 날것 그대로의 진심입니다.

1. "이런 시대에, 우리 아이가 여기 있다는 것만으로도…"

가장 먼저 저의 마음을 울렸던 것은, 학부모님들이 이미 우리 사회의 공교육 붕괴를 돌이킬 수 없는 '상수(constant)'로 받아들이고 있었다는 점입니다. 더 이상 세상의 학교 시스템 안에서는 희망을 찾을 수 없다는 깊은 절망감을 경험했기에, 전인기독학교의 존재 자체를 어둠 속에서 발견한 한 줄기 빛이요, 기적으로 여기고 계셨습니다. 한 학부모님의 답변은 이 시대 크리스천 부모들의 절박한 심정을 그대로 대변하고 있었습니다.

"미래요? 지금보다 훨씬 밝고 좋을 수밖에 없다고 생각합니다. 솔직히 말해, 공교육이 무너진 것은 이미 너무나 오래전 이야기입니다. 이제 학교 현장에서 아이의 영혼을 어루만져 줄 올바른 스승을 만난다는 건 기적에 가까운 일이 되었습니다. 선생님들조차도 맡은 아이들이 담임인 해만이라도 제발 무사히 넘기면 된다는 분위기가 만연해 있지 않습니까. 이런 시대에, 하나님을 경외하고 성경적 가치관으로 살아가는 친구들과 선생님들이 있는 이곳에 저희 아이가 머물고 있다는 것, 그것 자체만으로도 저희 가정에는 이미 축복이고 응답입니다."

또 다른 학부모님은 우리 학교를 단순히 세상의 위험을 피하는 '피난처'를 넘어, 상처받은 아이들이 치유되고 회복되는 '회복의 땅'으로 묘사해 주셨습니다.

"학교에 상담 때문에 갈 때마다 참 좋은 환경이라고 느끼고 돌아옵니다. 무엇보다 아이들의 얼굴이 하나같이 밝고 서로를 위하는 모습이 보여서 기분이 좋습니다. 세상 학교에서는 아이들이 경쟁에 치여 기가 죽거나, 살아남기 위해 반대로 거칠어지기 쉬운데, 여기서는 아이들이 넘어진 친구를 비웃는 대신 일으켜 세워주고 서로를 격려하는 모습이 너무나 보기 좋습니다. 이곳에서는 아이들이 단순히 공부만 잘하는 기계가 아니라, 생각이 바르고 정직한 비전을 가진 진짜 '사람'으로 성장하리라 믿습니다."

놀랍게도, 부모님들이 그리는 학교의 미래는 더 크고 화려한 건물을 짓거나, 더 많은 학생을 유치하는 것이 아니었습니다. 칠흑같이 어두운 세상 속에서 우리 아이들의 영혼을 지켜주고, 참된 스승과 믿음의 친구들을 만날 수 있는 '거룩한 울타리'로서의 사명을 끝까지 감당해 주는 것. 그것이 부모님들이 바라는 유일하고도 가장 간절한 소망이었습니다.

2. "세상이 감당 못 할 '믿음의 사관학교'가 될 것입니다"

'명문(名門)'의 기준이 바뀌고 있습니다. 과거에는 서울대를 많이 보내는 학교가 명문이었지만, 우리 학부모님들은 '영성과 실력을 겸비한 리더를 배출하는 학교'를 진짜 명문이라고 정의하며 벅찬 기대를 쏟아놓으셨습니다.

"전인학교의 커리큘럼은 아이들이 전인격적으로 건강한 인재로 양성할 수 있는 훌륭한 프로그램입니다. 중고등학교를 그럭저럭 졸업한 다른 아이들과 비교할 때, 영성이 뒷받침된 우리 아이들은 달라도 매우 다를 것입니다. 학교가 더 체계적으로 자리 잡고 학생과 교사가 더 갖춰지면, 이곳은 '믿음의 명문 학교', '믿음의 사관학교'로 성장할 것입니다."

"하나님의 뜻을 이루고자 하는 소망을 가진 아이들이 세상의 빛과 소금의 역할을 충분히 해나가는 모습으로 학교의 위상을 드높일 것으로 생각합니다."

"반드시 세상에서 경쟁력 있는 학교로 자리매김할 것이라 확신합니다. 우리 아이들이 하나님 안에서 꿈을 찾고, 스스로 공부하고, 남을 배려하는 섬김의 리더십을 가진 창의적인 인재로 자랄 것이기 때문입니다."

부모님들은 우리 학교를 단순히 대학 입시를 위한 정거장으로 보지 않았습니다. 통일 한국 시대를 준비하고, 무너진 한국 사회를 다시 세울 '다니엘과 요셉 같은 인재'를 길러내는 요람으로 보고 계셨습니다. 이것은 학교장인 저조차 때로는 현실의 무게 때문에 잊고 지냈던, 우리 학교의 진짜 정체성이었습니다.

3. "10년 후, 보내지 않은 것을 후회하게 될 것입니다"

수많은 인터뷰 답변 중에서, 학교장인 저의 가슴을 가장 뜨겁게, 그리고 동시에 가장 무겁게 내리쳤던 한 문장이 있었습니다. 한 학교의 학부모가 자신이 선택한 교육에 대해 얼마나 깊은 자부심과 확신을 가졌을 때, 감히 이런 선포와도 같은 말씀을 하실 수 있을까요.

"전인기독학교의 존재를 현재 알고 있으면서도 세상적인 염려 때문에 보내지 않고 망설이는 학부모가 있다면, 10년 후에 땅을 치며 후회하게 될 만큼 전인기독학교의 교육적 입지가 분명해질 것을 기대하고 또 확신합니다."

이것은 결코 우리 학교에 속하지 않은 다른 이들을 향한 단순한 배타심이나 오만한 선민의식이 아닙니다. 이것은 칠흑 같은 어둠 속에서 마침내 '진짜' 빛을 발견하고 그 빛을 온몸으로 체험한 사람만이 가질 수 있는 흔들리지 않는 확신입니다. 무너진 공교육의 여러 대안을 찾아 헤매는 것을 넘어, 마침내 교육의 '정답'을 찾았다는 깊은 안도감과 감사함에서 터져 나오는 영적인 외침입니다.

또 다른 학부모님들의 예언과도 같은 확신은 계속해서 이어졌습니다. 그들의 언어에는 '...했으면 좋겠다'는 막연한 기대가 아니라, '...될 것을 믿는다'는 살아있는 믿음이 담겨 있었습니다.

"수많은 성도와 이름 모를 부모들의 눈물의 기도로 세워진 학교가 앞으로 더욱 탄탄하고 멋진 학교로 세워질 것을 의심치 않습니다. 그 기도의 씨앗들이 바로 우리 아이들이라는 열매로 맺어질 것을 믿으며, 머지않아 이 혼탁한 세상 한가운데서 떠들썩하게 하나님의 살아계심을 영광되게 하는 학교가 될 것을 믿습니다."

"하나님께서 친히 동행하시고 날마다 인도하시는 학교이기에, 주님께서 반드시 이 학교를 시대를 이끄는 명문 크리스천 학교로 세우실 것을 믿습니다. 지금 학교가 감당하고 있는 이 일은, 한두 사람의 힘으로는 불가능한 너무도 대단한 사역입니다. 정말… 감사합니다."

수많은 격려와 칭찬의 말들 속에서, 저의 심장을 가장 깊이 울렸던 것은 바로 이 마지막 '감사하다'는 말 한마디였습니다. 세상의 어떤 화려한 수식어나 높은 평가보다, 이 진심 어린 감사 한마디가 지난 20년간의 모든 수고와 눈물을 씻어주는 가장 큰 상급이었습니다.

왜냐하면 그 감사 속에서 저는 부모님들이 이미 알고 계심을 깨달았기 때문입니다. 이 학교가 한두 사람의 교육적 신념이나 재력, 사람의 힘으로 세워지고 유지되는 곳이 아니라는 사실을 말입니다. 매일 새벽 제단을 쌓는 교사들의 눈물, 매주 철야하며 자녀와 학교를 위해 부르짖는 부모님들의 기도, 그리고 보이지 않는 곳에서 이름 없이 빛도 없이 헌신하는 수많은 동역자들의 그 간절한 기도의 씨앗들로 이 학교가 자라나고 있다는 것을, 부모님들은 영혼으로 알고 계셨던 것입니다.

4. "세상과 타협하지 말아주세요, 제발"

학부모님들의 답변 속에는 학교의 미래를 향한 무한한 신뢰와 벅찬 기대뿐만 아니라, 진심 어린 사랑이 담긴 간곡한 부탁도 담겨 있었습니다. 놀랍게도 그 부탁은 "우리 아이를 더 좋은 대학에 보내달라"

거나 "성적을 더 올려달라"는 세상적인 요구가 아니었습니다. 오히려 정반대였습니다. 그들은 학교가 세상의 성공 방식과 타협하지 말고, 지금의 이 거룩한 정체성과 기독교 학교의 본질을 끝까지 지켜달라고 간절하게 요청하고 있었습니다.

"저희가 세상 학교를 떠나 이곳에 온 이유를 잊지 말아주십시오. 세상과 타협하는 교육은 정말 싫습니다. 만약 이 학교마저 입시 위주의 교육으로 흘러간다면 세상의 학원과 무엇이 다르겠습니까? 부디, 하나님께서 세우신 이 학교만큼은 세상의 기준과 타협하지 않고, 오직 말씀과 예배 안에서 우리 아이들이 자신의 진짜 꿈과 소명을 찾고, 설령 공부가 아니더라도 각자의 달란트를 마음껏 개발하며, 무엇보다 인성이 바르게 자라도록 끝까지 인도해주셨으면 합니다."

"학교의 설립 이념이 세월이 흘러도 변치 않고 계속 이어지기를 간절히 바랍니다. 다소 길고 복잡하게 느껴질 수 있는 사명선언문과 교육 목표들을, 지금처럼 '다니엘', '실력과 영성의 두 날개'와 같은 강력한 키워드로 아이들의 가슴에 심어주셔서 평생의 가치관으로 품고 살게 해주십시오."

"더 많은 학생이 이곳에 입학해서 함께 성장하고 발전했으면 좋겠습니다. 그래서 학교가 더욱 다양한 특성화 교육을 통해 아이들 각자의 달란트를 전문적으로 길러주는 학교가 되기를 바랍니다. 개인적으로는 전 학년이 유대인의 하브루타나 토론식 교육을 더욱 활성화해서, 단순히 지식을 암기하는 것을 넘어 깊이 생각하고 논쟁하며 진리를 찾아가는 아이들로 키워주시면 좋겠습니다."

심지어 부모님들은 학비 부담과 같은 학교의 현실적인 어려움에 대해 불평하기보다, 오히려 그 짐을 함께 지고 가겠다는 놀랍도록 성숙한 동역자의 태도를 보여주셨습니다.

"우리 아이들이 억지로가 아니라 스스로 하나님을 찾고 만나며, 자율적으로 공부하고, 친구를 배려하고 섬기는 창의적인 인재가 되었으면 하는 것이 가장 큰 바람입니다. (그리고 학교가 재정적으로 더 튼튼해져서, 저희 같은 가정이 느끼는) 수업료 부담이 조금이라도 덜어졌으면 하는 작은 바람도 있습니다."

이 고백들 앞에서 저는 다시 한번 옷깃을 여미게 됩니다. 부모님들은 간절히 원하고 계셨습니다. 학교가 더 큰 규모를 갖추거나 세상의 인정을 받기 위해 세속적인 성공 기준을 도입하지 않기를. 눈앞의 입시 실적에 목매달지 않기를. 오히려 더 철저하고 고집스럽게 성경적인 방법을 고수하여, 세상이 결코 흉내 낼 수 없는 하나님의 '원형(Origin) 교육'을 완성해달라고 저에게, 그리고 학교에 호소하고 있었습니다. 이것은 교육의 소비자가 아닌, 학교의 비전을 함께 짊어진 동역자만이 할 수 있는 가장 거룩한 당부였습니다.

5. 우리는 '고객'이 아니라 '동역자'입니다

설문조사의 마지막 장을 덮으며, 학교를 향한 99%의 만족도와 미래를 향한 흔들리지 않는 확신은 바로 우리 학부모님들의 정체성을 발견할 수 있기 때문입니다. 이 숫자의 비밀은 바로 우리 학부모님들의 정체성에 있었습니다. 그들은 학교에 교육비를 지불하고 그에 상응하는 서비스를 요구하는 냉정한 '고객(Customer)'이 아니었습니다. 그들은 학교의 비전을 자신의 비전으로 품고, 그 사명을 이루기 위해 함께 기도하며 땀 흘리는, 이 세상 그 누구보다 든든한 '동역자(Co-worker)'였습니다.

교육 시장에서 '고객은 왕'입니다. 고객은 언제나 더 나은 서비스를 찾아 떠날 수 있으며, 서비스의 작은 흠결에도 불만을 제기할 권리가 있습니다. 그러나 동역자는 다릅니다. 동역자는 함께 꿈을 꾸고, 서로의 연약함을 짊어지며, 공동의 목표를 향해 끝까지 함께 걷는 사람입니다. 한 학부모님의 이 고백이야말로, 고객의 언어를 넘어선 동역자의 위대한 고백이며 제 마음을 깊이 울렸습니다.

"우리 학교는 꿈과 비전이 있는 학교입니다. 혹여 지금 자녀의 결과가 우리의 뜻대로 되지 않는다고 해도, 그것으로 학교를 원망하거나 판단하지 않습니다. 우리는 하나님의 더 크신 계획 속에 이 학교생활을 통해 결국 하나님의 일들을 나타내실 것을 믿습니다. 그러기에 저희 가정은 학교를 믿고, 사랑하며, 끝까지 함께할 것입니다."

당장 눈앞에 보이는 성적표나 입시 결과가 아니라, 아이의 인생 전체를 선하게 주관하시는 하나님을 신뢰하며 학교와 굳건히 발을 맞추겠다는 이 위대한 믿음의 선포. 이것이야말로 세상의 어떤 교육기관도 가질 수 없는, 전인기독학교를 지탱하는 가장 강력한 힘입니다. 이 신뢰의 고백들은 계속해서 이어졌습니다.

"설립이사장님과 교장목사님이 처음 학교를 세우며 꿈꾸고 바라보셨던 그 기대들이, 지금 우리 아이들을 통해 하나하나 이루어지는 것을 눈으로 봅니다. 저희는 그저 학교의 방침을 신뢰하고 따르며, 학교와 같은 곳을 바라보며 기도하며 나아갈 뿐입니다."

"학교에 갈 때마다 참 좋은 공동체라는 것을 느끼고 돌아옵니다. 저희 아이뿐 아니라, 그 선배와 후배들의 얼굴을 바라보면서 이곳이 정말 소망과 비전이 넘치는 학교라는 것을 확신하게 됩니다. 그래서 저희는 기쁨과 감사함으로 학교를 위해 기도하고 있습니다."

그래서 전인기독학교 뿐 아니라 성경적 세계관으로 존재하는 기독학교의 미래는 밝습니다.

그 이유는 화려한 건물이 들어서거나, 막대한 재정이 확보되어서가 아닙니다.

기독학교의 미래가 밝은 유일한 이유는, "이 학교는 사람이 아닌 하나님이 세우셨기에 반드시 승리한다"는 절대적인 믿음을 함께 공유한, 깨어 있는 부모님들과 헌신된 선생님들이 '삼겹줄'처럼 단단히 묶여 있기 때문입니다.

"우리는 지금 단순히 내 아이를 학교에 보내고 있는 것이 아닙니다. 우리 모두는 지금 무너져가는 대한민국 교육의 한복판에서, '교육은 다시 희망이 될 수 있다'는 살아있는 증거를 함께 써 내려가는 역사적 운동에 동참하고 있는 것입니다."

10년 후, 우리는 오늘의 이 선택이 얼마나 옳았는지를 눈물과 감사로 확인하게 될 것입니다.

아니, 어쩌면 그 증거는 10년을 기다릴 필요도 없습니다. 이미 그 찬란한 증거들은 세상의 거짓된 빛이 아닌, 하나님이 주신 비전으로 빛나는 우리 아이들의 눈빛 속에서 지금 이 순간에도 영롱하게 빛나고 있기 때문입니다.

5부

다시, 교회가 희망이다

무너진 교육을
다시 세우는 거룩한 연합

'온전한 교육'

비인가의 한계를 넘어, 객관적 수월성을 입증하다

부제: 우리가 '대안'이 아니라 '본질'일 수밖에 없는 이유

지금까지 병든 대한민국 교육의 현실을 직시하며 그 아픔의 원인을 진단했고(1부), 성경 속에서 하나님께서 설계하신 진짜 교육의 청사진을 발견했으며(2부), 그 청사진을 따라 아이들을 길러내는 5가지 전인교육의 치열한 임상 현장을 누볐습니다(3부). 그리고 마침내, 그 모든 과정이 만들어낸 놀랍고도 경이로운 변화의 결과지를 데이터로 확인했습니다(4부).

이 모든 여정의 결과가 우리에게 보여주는 단 하나의 지점을 깊이 응시하려 합니다. 그것은 바로 이 땅의 교육이 잃어버린 두 가지 핵심 가치, '객관성(Objectivity)'과 '공공성(Publicness)'입니다.

흔히 '기독교 대안학교'라고 하면, 세상은 두 가지 색안경을 끼고 바라보기 쉽습니다. 하나는 "자기들만의 교리를 주입하는 폐쇄적인 종교 집단"이라는 오해이며, 다른 하나는 "국가 시스템에서 벗어난, 객관성이 결여된 주관적인 신념 교육"이라는 편견입니다. 하지만 지난 20년간 전인기독학교가 걸어온 역사는, 이러한 세상의 모든 편견이 얼마나 잘못되었는지를 흔들림 없는 객관적인 결과(Objectivity)와 이 사회를 향한 공적인 기여(Publicness)로 당당히 증명해 왔습니다.

1. 객관적 경쟁력: "그것이 가능한가?"라는 세상의 질문에 답하다

대한민국 교육 현실에서 '비인가(Unaccredited)' 학교로 살아남는다는 것은, 많은 이들의 눈에는 계란으로 바위를 치는 것과 같은 무모한 도전으로 보였을 것입니다. 무상교육과 무상급식이라는 국가의 거대한 지원 시스템의 보호를 전혀 받지 못한 채, 오직 학부모님들의 무거운 재정 부담과 뜻을 같이하는 교회의 헌신만으로 학교를 운영해야 했기 때문입니다. 세상의 잣대로 보면, 우리는 출발선부터 불리한 싸움을 하고 있었던 것입니다.

그럼에도 불구하고 전인기독학교는 살아남았을 뿐 아니라, 놀랍게 성장했습니다. 그리고 세상이 납득할 만한 결과를 만들어냈습니다.

사교육의 도움 없이도 상위 10개 대학(연세대, 서강대, 경희대, 이화여대, 중앙대, 시립대 등)과 육군사관학교를 비롯한 서울 주요 대학과 그리고 한의대를 비롯한 특수 유망 학과에 재학생이 진학하는 놀라운 입시 결과(인서울 45%, 합격률 99%), 그리고 무엇보다 학교를 경험한 학부모와 학생의 99%가 만족한다는 경이로운 데이터입니다.

이것은 더 이상 주관적인 간증이 아닌, 누구도 부인할 수 없는 객관적인 지표입니다. 이 지표는 우리에게 한 가지 분명한 사실을 말해줍니다. 바로 하나님의 방식대로 가르치는 기독교 교육이 세상의 교육보다 뒤처지는 것이 아니라, 오히려 그것을 뛰어넘는 월등한 경쟁력(Competitiveness)을 가지고 있다는 사실입니다.

우리는 이 세대를 본받고 유행하는 교육 방법을 좇지 않았습니다. 오직 성경적 세계관(Biblical Worldview)이라는 '본질'을 붙들고 세상과 타협하지 않았을 뿐입니다. 그런데 놀랍게도 그 본질에 집중했을 때, 세상이 그토록 추구하는 입시 경쟁력까지 확보하는 '덤'을 얻게 된 것입니다. 공부의 목적이 '나의 성공'이 아닌 '하나님의 영광'이 될 때, 아이들은 비로소 내면의 강력한 학습 동기를 얻습니다. 하나님 안에서 자신의 정체성을 발견한 아이는 세상의 평가에 쉽게 흔들리지 않는 견고함을 갖습니다.

이는 기독교 교육이 단순히 소수 신앙인만을 위한 특수한 종교 교육의 범주를 넘어, 인간을 가장 온전하고 탁월하게 세우는 보편적인 탁월성(Universal Excellence)을 지니고 있음을 스스로 입증한 것입니다.

2. 공공성의 재정의: 누가 진짜 나라를 살리는 애국자인가?

우리는 '공교육(Public Education)'이라는 단어의 진정한 의미가 무엇인지 다시 질문해야 합니다. 공교육의 목적은 과연 무엇입니까? 단순히 국가가 막대한 예산을 지원하고 관리 감독한다고 해서 그 교육이 저절로 '공공성'을 띠게 되는 것일까요? 결코 아닙니다. 공교육의 진짜 목적이자 존재 이유는, 한 국가와 사회를 건강하게 떠받쳐 나갈 '건강한 시민(Healthy Citizen)을 양성'하는 데 있습니다.

하지만 오늘날 국가가 주도하는 학교 현장의 현실은 어떻습니까? 우리는 그곳에서 길러진 아이들의 모습 속에서 과연 건강한 시민의 미래를 볼 수 있습니까? 끝없는 경쟁에 지쳐 옆의 친구를 밟고 올라서야 할 적으로 여기고, 스승의 권위를 조롱하며, 공동체의 유익보다는 오직 '나'의 권리와 이익만을 주장하는 이기적인 인간상을 길러내고 있지는 않습니까? 만약 그렇다면, 그곳은 국민의 세금이라는 막대한 공적 자금을 투입하고도 오히려 공공성을 심각하게 훼손하고 있는 장소일 뿐입니다. 사회의 문제를 해결하는 것이 아니라, 오히려 문제를 만들어내는 공장이 되어버린 것입니다.

이제 시선을 돌려, 국가의 지원을 단 한 푼도 받지 않는 전인기독학교의 아이들을 보십시오.

우리 아이들은 교실에서 "공부해서 남 주자!"고 외칩니다. 나의 이기적인 성공보다 공동체와 이웃의 유익을 먼저 생각하는 훈련을 합니다(의, 관계성/덕성). 세상이 요령과 편법을 가르칠 때, 정직과 성실을 생명처럼 여기는 고지식함을 배웁니다(정, 감성). 하나님과 사람 앞에서 부끄러움 없는 삶의 기준을 세워갑니다(성, 영성). 세상의 지식을 탐욕의 도구가 아닌, 세상을 섬기는 지혜로 바꾸는 법을 배웁니다(지, 지성). 그리고 튼튼하고 건강한 몸으로 언젠가 이 나라와 사회를 위해 헌신할 그날을 준비합니다(체, 체력).

비록 우리는 국가의 공식적인 인가는 받지 못했습니다. 하지만 우리 학교는 그 어떤 공립학교보다 더 본질적이고 진정한 의미의 '공적인 가치(Public Value)'를 실현하고 있다고 감히 자부합니다. 깨어진 가정의 관계를 회복시키고, 극단적인 이기주의로 병든 이 사회에 기꺼이 자신을 희생하고 섬길 줄 아는 이타적인 리더를 배출하는 일. 이것이야말로 대한민국이라는 공동체를 살리고 다음 세대에 희망을 주는, 가장 애국적인 교육이자 진정한 의미의 공공성입니다.

3. 사립학교의 자율성, 그 거룩한 독립

오늘날 한국 사회에서 사립학교, 특히 종교적 건학 이념을 가진 학교들은 깊은 딜레마에 빠져 있습니다. 과거 채플을 거부했던 한 학생의 소송으로 시작된 이른바 '강의석 사건'이나 끊임없이 논란이 되는 사학법 개정 문제에서 보듯, 국가는 사립학교에 재정을 지원한다는 명분으로 학교의 고유한 건학 이념(종교 교육의 자유)을 포기하고, 국가가 통제하는 교육 시스템, 즉 준공립화의 길로 편입될 것을 지속적으로 요구하고 있습니다. 국가의 재정 지원은 안정적인 학교 운영을 위한 달콤한 유혹이지만, 그 대가는 학교의 영혼과도 같은 정체성을 내어주는 것입니다.

하지만 전인기독학교는 지난 20년간 이 달콤한 유혹을 단호하게 거부해 왔습니다. 우리는 재정적 어려움을 온전히 감수하는 한이 있더라도, 교육과정과 운영의 '자율성'을 지키는 길을 고집스럽게 택했습니다. 왜냐하면 기독교 학교의 생명은 바로 그 '건학 이념', 즉 하나님의 말씀을 자유롭게 가르칠 수 있는 자유에 있기 때문입니다. 교실에서 창조주 하나님을 가르칠 수 없고, 성경적 세계관을 온전히 전수할 수 없다면, 아무리 훌륭한 건물을 짓고 '기독교 학교'라는 간판을 내걸어도 그것은 영혼 없는 껍데기에 불과하다는 것을 우리는 잘 알고 있습니다.

우리는 이 '거룩한 독립'을 통해 세상의 기준으로는 이해할 수 없는 역설적인 결과를 만들어냈습니다. 우리는 국가의 통제로부터 자율성을 지킴으로써, 오히려 공교육 시스템이 결코 하지 못하는 중요한 공적 역할을 수행하는 '대안적 공공재(Alternative Public Goods)'가 되었습니다.

획일화와 서열화로 치닫는 대한민국의 교육 생태계에서, 우리는 성경적 가치관이라는 전혀 다른 방식의 교육 모델을 제시하며 교육의 '다양성'을 확보하는 데 기여했습니다. 또한, 국가가 정해준 단 하나의 교육 방식만을 강요당하던 교육의 주체인 학부모와 학생에게 진정한 의미의 '교육 선택권'을 돌려주었습니다. 다양한 교육 철학 중에서 자신의 가치관에 맞는 교육을 선택하고 받을 수 있는 권리. 이것이야말로 민주주의 사회에서 국가가 보장해야 할 매우 중요한 공적 기능(Public Function)입니다. 결국 우리의 '독립'은 고립을 위한 분리가 아니라, 더 건강한 교육 생태계를 만들기 위한 거룩한 저항이었던 셈입니다.

4. 학습한 교훈: 교회, 가정, 학교의 거룩한 삼위일체

그렇다면 지난 20년간의 광야와도 같았던 실험을 통해, 우리가 땀과 눈물로 배운 가장 크고 본질적인 교훈은 무엇일까요? 단 한 문장으로 요약할 수 있습니다.

"가정, 교회, 학교가 성경적 세계관 안에서 거룩한 삼위일체(Trinity)를 이룰 때, 교육은 결코 실패하지 않는다."

오늘날 공교육이 총체적으로 실패하고 있는 가장 근본적인 이유는 바로 이 신성한 삼각 구도가 처참하게 무너졌기 때문입니다. 가정은 하나님께서 부여하신 교육의 주권을 포기한 채 오직 내 자녀의 성공만을 위해 이기적으로 고립되었고, 학교는 인성과 영혼에 대한 책임을 방기한 채 지식 전달자로만 전락했으며, 그 빈자리를 사교육 시장이 탐욕스럽게 채웠습니다. 그리고 교회는 다음 세대의 삶의 터전인 학교 교육의 영역을 세상의 것으로 치부하고 스스로 담을 쌓아 배제해 버렸습니다.

하지만 전인기독학교는 이 모든 것을 역전시켰습니다. 교회가 단순히 재정을 지원하는 것을 넘어 학교의 든든한 '영적 울타리'가 되어주었고, 가정은 교육의 구경꾼이나 소비자가 아닌, 학교와 비전을 함께하는 가장 든든한 '동역자'가 되었습니다. 학교는 그 신뢰 위에서 가정과 교회의 가르침을 완성하는 온전한 교육을 실현할 수 있었습니다.

이 '통합 모델(Integration Model)'은 우리 학교만의 특별한 성공 비결이 아닙니다. 이것은 찢어지고 분열된 한국 교육이 앞으로 나아가야 할 유일한 회복의 방향이며, 다음 세대를 잃어버린 채 신음하는 한국 교회가 다시 일어서기 위해 붙잡아야 할 '교육 선교의 원형(The Origin of Educational Mission)'입니다.

저는 지난 20년간의 학교 운영과, 이 책의 기반이 된 논문의 연구와 저술 과정을 통해 한 가지 분명하고도 명쾌한 답을 얻었습니다.

하나님을 배제한 인본주의 교육의 한계는 너무나도 명확하며, 그 한계를 극복하고 인간을 온전하게 세울 수 있는 유일한 힘은 오직 성경적 전인교육에 있습니다. 그리고 전인기독학교는 그 위대한 가능성을 더 이상 책상 위의 이론이 아닌, 우리 아이들의 삶과 가정의 회복이라는 살아있는 실재(Reality)로 증명해냈습니다.

결론적으로, 우리의 교육은 하나님안에서 옳은 방향을 제시했을 뿐 아니라 세상의 잣대로 보아도 객관적으로 탁월했고(Excellence), 이 사회의 관점으로 보아도 공적으로 유익했습니다(Publicness).

이제 우리는 더 이상 스스로를 '비인가'라는 세상의 딱지 뒤에 숨기거나 그것에 위축되지 않습니다. 오히려 우리는, 국가 시스템이 하지 못하는, 아니 포기해버린 진짜 교육을 해내고 있다는 거룩한 자부심으로, 이 땅의 무너진 교육을 향해 새로운 표준(Standard)을 제시하고 있습니다.

이것이 바로 지난 20년동안 눈물로 씨를 뿌리며 우리가 온몸으로 확인한 흔들리지 않는 '확신'이자 이 장의 최종적인 '결론'입니다.

5. 전인교육의 탁월성은 어디서 오는가?

우리는 앞서 전인교육이 추구하는 '온전한 사람'의 5가지 속성, 즉 성(聖)·지(智)·정(情)·의(意)·체(體)를 살펴보았습니다. 그러나 전인기독학교가 만들어내는 교육적 탁월성의 진짜 비밀은, 이 5가지 영역을 위한 개별 프로그램들의 화려함에 있지 않습니다. 그 비밀은 이 모든 과정을 하나로 꿰뚫는 두 가지 핵심 원리, 바로 '성경적 원리의 일관성'과 '12년이라는 시간의 지속성'에 있습니다.

그리고 이 두 가지 원리가 강력한 힘을 발휘할 수 있는 이유는 가정, 교회, 학교라는 교육의 세 주체가 분열되지 않고 '하나의 세계관'으로 연합하여, 마치 한 몸처럼 움직이기 때문입니다.

① '일관성'의 회복: 영적 조현병을 치유하다

우리 아이들은 과학 시간에 창조의 섭리를 배우고, 역사 시간에 인류를 향한 하나님의 주권을 배웁니다. 교회 강단에서 들었던 추상적인 말씀이 학교 수업 시간에 구체적인 지식으로 증명되고, 학교에서 배운 가르침이 가정에서 부모님의 삶으로 실천되는 것을 목격합니다. 가정, 교회, 학교라는 세 기관이 마침내 한목소리를 낼 때, 아이들은 더 이상 내면의 분열과 혼란을 겪지 않습니다.

세상 교육처럼 월요일부터 금요일까지는 "하나님은 없다"고 배우고, 주일에는 "하나님은 살아계신다"고 배우는 '영적 조현병'에서 벗어나는 것입니다. 그 대신 아이들의 영혼 속에는 "아, 하나님이 정말

이 모든 세상의 주인이시구나!"라는 모든 면에서 빈틈없고 굳건한 확신이 자리 잡게 됩니다. 바로 이 '일관성'이야말로 세상의 거짓된 가치관에 맞서 아이들의 정체성을 견고하고 단단하게 세우는 반석이 됩니다.

② '지속성'의 확보: 12년간의 거룩한 항해

우리는 초등 과정부터 고등 과정까지, 단절 없는 12년제 통합 과정을 운영합니다. 이것은 단순히 편리함을 위한 학제의 통합이 아닙니다. 한 아이가 태어나서 비로소 성인으로 세워지기까지, 가장 중요하고 결정적인 성장기의 전 과정을 '성경적 세계관'이라는 안전하고 견고한 방주 안에서 온전히 보호하고 양육한다는 깊은 의미를 담고 있습니다.

일주일에 단 한 시간 만나는 주일학교 교육만으로는 결코 불가능한 일입니다.

매일 새벽 예배의 제단으로 하루를 시작하고, 삶의 모든 영역에서 신앙의 멘토가 되어주는 기독 교사들과 동고동락하며, 늦은 밤 기숙사에서 친구들과 함께 울고 웃으며 신앙 훈련을 하는 24시간의 공동체. 그리고 이것이 단발적인 수련회가 아니라 1년, 그리고 12년이라는 긴 시간 동안 지속될 때, 비로소 하나님의 말씀과 거룩한 습관은 아이들의 생각과 마음을 넘어 뼛속 깊이 새겨집니다.

세상의 유혹이 틈탈 겨를이 없습니다. 아무리 거센 세속주의의 파도가 몰려와도, 12년 동안 단단하게 다져진 영적 제방은 쉽게 무너지지 않습니다. 이것이 바로 우리 아이들이 졸업 후 세상의 대학에 가고 치열한 사회에 나가서도 쉽게 흔들리지 않고, 바벨론의 한복판에서도 다니엘처럼 뜻을 정하여 세상을 이기는 리더로 승리할 수 있는 가장 근본적인 비결입니다.

③ 가장 큰 기적: 부모와 자녀가 같은 곳을 바라보다

이처럼 일관되고 지속적인 교육의 가장 크고 놀라운 수혜자는 다름 아닌 '가정'입니다.

일반적으로 사춘기가 되면 부모와 자녀의 대화는 급격히 줄어들고 관계는 단절됩니다. 사람들은 흔히 어쩔 수 없는 세대 차이 때문이라고 말하지만, 그 본질을 깊이 들여다보면 그것은 '세계관의 단절' 때문입니다. 부모는 교회에서 배운 성경의 문화를 말하는데, 세상 학교에서 전혀 다른 문화를 배우고 돌아온 자녀는 그것을 이해하지 못합니다. 서로 다른 언어, 다른 가치관을 사용하니 깊은 대화가 통할 리 없습니다.

하지만 전인기독학교의 가정은 다릅니다.

학교에서 성경적 세계관으로 훈련받은 아이들은 더 이상 부모님의 신앙적 조언을 시대에 뒤떨어진 '꼰대 소리'가 아니라, 삶의 방향을 알려주는 '하나님의 지혜'로 받아들이기 시작합니다. 부모 역시 학교에서 제공하는 부모 교육을 통해 세상적인 욕심을 내려놓고 성경적인 부모관을 가질 수 있도록 함께 훈련받습니다. 마침내 가정, 교회, 학교가 같은 언어를 사용하고, 같은 가치관을 나누며, 같은 비전을 공유하게 되는 것입니다.

지난 20년간 저는 수많은 가정이 이 교육 안에서 기적적으로 회복되는 것을 목격했습니다. 서로 다른 곳을 바라보며 갈등하던 부모와 자녀가 이제는 '하나님 나라'라는 하나의 방향을 함께 바라보는 믿음의 동역자가 되었습니다. 교회에서의 모습과 학교에서의 모습이 달랐던 아수라 백작 같은 아이가 예수님을 닮은 온전한 인격체로 통합되었습니다.

이것이 바로 전인교육이 가진 탁월성의 진짜 비밀입니다. 성·지·정·의·체라는 5가지 보석이 제각각 흩어져 빛을 잃는 것이 아니라, 12년이라는 시간 동안 '일관성과 지속성'이라는 강력한 시스템 안에서 하나의 목걸이로 꿰어질 때, 비로소 세상이 감당할 수 없는 영롱한 빛을 발하게 되는 것입니다. 흩어진 교육으로는 이 악한 세대를 결코 이길 수 없습니다. 12년의 긴 호흡으로, 한 방향을 향해 꾸준히 함께 걸어갈 때, 우리 자녀들은 세상의 어떤 풍파에도 흔들리지 않는 믿음의 거목(巨木)으로 자라날 것입니다.

6. 방향성과 해결 과제: 다섯 개의 물맷돌을 손에 쥐다

하지만 이 위대한 교육적 승리가 저절로 열매를 맺는 것은 아닙니다. 우리는 여전히 거대한 전쟁의 한복판에 서 있으며 반드시 넘어야 할 산이 있습니다. 그것은 바로 이 시대의 교육 현장을 지배하고 있는 거대한 '세계관의 충돌'입니다.

공교육은 '종교적 중립'이라는 가면을 쓰고 있지만 그 실상은 철저한 인본주의와 유물론적 세계관을 다음 세대의 영혼에게 끊임없이 주입하고 있습니다. 학교 교과서는 "하나님은 없다"고 가르치고, 세상 문화는 "네가 네 인생의 주인이다"라고 달콤하게 속삭입니다. 이 거대한 골리앗과 같은 세계관의 흐름 속에서, 작은 다윗과도 같은 기독교 학교가 생존을 넘어 승리하기 위해 손에 쥐어야 할 다섯 개의 물맷돌, 즉 해결 과제는 무엇일까요? 저는 논문을 통해 다음과 같은 5가지 핵심 과제를 도출했습니다.

첫째, 정체성의 선포 (Identity): 우리는 누구인가?

기독교 학교의 정체성은 타협의 대상이 될 수 없습니다. 어설프게 세상의 명문 학교를 흉내 내거나 그들의 방식을 따라 해서는 안 됩니다. 우리는 매일 아침 "우리의 교육 이념과 목적은 온전히 성경적인가?"라는 근본적인 질문 앞에 서야 합니다. 우리의 목표가 더 많은 학생을 명문 대학에 보내는 것이 아니라, 어떤 자리에서든 하나님 나라의 일꾼으로 살아갈 한 사람을 길러내는 것임을 세상 앞에 담대하게 선포해야 합니다. 무엇보다 기독교 학교는 또 하나의 교회 프로그램이나 교육 비즈니스가 되어서는 안 됩니다. 이것은 무너진 나라를 교육으로 살리고, 교회의 미래를 책임지는 거룩한 애국 운동(Patriotic Movement)입니다.

둘째, 기독교적 교사의 양성 (Teacher): 누가 가르칠 것인가?

수백억 원의 건물보다 더 중요한 것은 단 한 명의 교사입니다. 기독교 세계관으로 무장한 헌신적인 교사가 없다면, 기독교 학교는 간판만 바꿔 단 또 다른 공립학교로 전락할 수밖에 없습니다. 우리는 단순히 주일에 교회에 출석하는 교사가 아니라, 자신이 가르치는 국어, 영어, 수학, 과학이라는 전공 과목을 성경적 관점으로 깊이 있게 재해석하여 가르칠 수 있는 영성과 전문성을 겸비한 교사를 길러내고 세워야 합니다.

셋째, 교육과정의 통합 (Integration): 무엇을 가르칠 것인가?

'교회에서는 신앙, 학교에서는 공부'라는 위험천만한 이원론을 반드시 극복해야 합니다. 우리는 교실 안에서 '신앙과 학문의 종합적인 통합'을 이루어내야 합니다. 국어 시간의 문학 작품 속에서 인간의 죄성을 발견하고, 수학 공식의 질서 속에서 창조주 하나님의 지혜를 발견하며, 과학 실험을 통해 창조 세계의 경이로움을 찬양하게 해야 합니다. 모든 교과서와 커리큘럼이 하나님을 가리키도록 끊임없이 연구하고 개발하는 것, 이것이 우리가 추구하는 '하나님 중심(Theocentric)' 교육의 실체입니다.

넷째, 성경적 행정 원리 (Administration): 어떻게 섬길 것인가?

학교를 운영하는 행정 방식 또한 세상과 근본적으로 달라야 합니다. 권위로 군림하고 효율성만을 따지는 행정이 아니라, 예수님의 마음으로 학생과 가정을 돌보는 '섬김(Service)'과 '돌봄(Care)'이 학교 행정의 원동력이 되어야 합니다. 예수님께서 친히 제자들의 발을 씻기신 것처럼 학교의 모든 시스템과 구조는 가장 연약한 학생 한 사람과 학부모를 섬기는 방향으로 설계되어야 합니다.

다섯째, 교육 공동체의 연합 (Community): 누구와 함께할 것인가?

이것이 가장 중요하며, 모든 것의 성패를 좌우하는 열쇠입니다. 이 거룩한 전쟁은 결코 학교 혼자서는 감당할 수 없습니다. 가정과 교회, 그리고 학교가 단단히 꼬아 만든 삼겹줄처럼 하나의 교육 공동체를 이루어야 합니다. 특히 이 연합의 중심에는 부모님의 '두 번째 거듭남'이 절실히 필요합니다. 부모가 먼저 세상적인 자녀 교육관(성공 지향주의)을 십자가에 못 박고, 성경적인 교육관으로 온전히 회심하는 과정이 반드시 선행되어야 합니다. 이를 위해 학교는 아이들뿐만 아니라 부모님들을 위한 지속적인 교육과 훈련을 제공해야 할 책임이 있습니다.

본질로 돌아가는 것이 가장 확실한 개혁입니다

오늘날 대한민국 사회는 총체적 위기에 빠져 있습니다. 정치, 경제, 사회의 모든 병폐는 결국 '사람'의 문제입니다. 그리고 그 사람을 길러내는 '교육'이 뿌리부터 병들었기에, 우리 사회 전체가 신음하고 있는 것입니다.

문제의 원인이 교육에 있다면, 해결책 또한 교육에 있습니다.

우리는 '하나님 없이도 살 수 있다'고 속이는 인본주의라는 거짓된 안경을 벗어던져야 합니다. 그리고 창조주 하나님께서 본래 인간을 위해 설계하신 '교육의 원형(The Origin)'으로 돌아가야 합니다.

전인기독학교가 지난 20년간 걸어온 길은 외롭고 험난한 광야의 길이었습니다. 하지만 우리는 그 길 끝에서 분명히 확인했습니다. 성경적 세계관으로 무장된 아이들이 세상 앞에서 얼마나 강력한 빛을 발하는지, 하나님 중심의 교육이 깨어진 가정을 얼마나 기적적으로 회복시키는지 말입니다.

이제 우리는 이 작은 믿음의 불씨를 대한민국 전체로 확산시켜야 합니다.

단순히 공교육의 대안을 넘어, 이 시대를 치유하고 다음 세대를 살리는 '교육 선교'의 거룩한 사명을 감당해야 합니다. 이것은 이 시대를 살아가는 우리에게 맡겨진 피할 수 없는 책임이자, 어쩌면 하나님께서 한국 교회에 주신 마지막 기회일지도 모릅니다.

우리는 이 거룩한 행진을 멈추지 않을 것입니다. 하나님의 온전한 사람이 이 땅 가득히 일어나는 그날까지.

제2장

교회는 '왜' 기독학교를 세워야 하는가?

부제: 세상의 대안(Alternative)을 넘어 하나님 나라의 원안(Origin)으로

대한민국 교육은 지금 깊은 병을 앓고 있습니다. 살인적인 입시 경쟁은 아이들의 숨통을 조이고, 천정부지로 치솟는 사교육비는 가정 경제를 휘청이게 하며, 존중이 사라진 교실 붕괴는 헌신적인 선생님들마저 절망하게 합니다. 많은 사람이 길을 잃은 채 묻습니다. "이 터널의 끝에 과연 희망이 있기는 한가요?"

저는 지난 20년간 전인기독학교라는 작은 교육 실험의 현장을 지켜보며, 이 질문에 대해 감히 단호하게 "예"라고 답할 수 있게 되었습니다. 희망은 있습니다. 단, 그 희망은 낡은 시스템을 조금 고치거나 새로운 프로그램을 덧대는 방식으로는 찾을 수 없습니다. 교육의 가장 근본적인 세 주체인 가정, 교회, 학교가 하나의 성경적 세계관으로 연합할 때, 비로소 진짜 희망이 싹틉니다.

1. 학원과 과외가 없어도, 아이들은 더 잘 자란다

많은 분이 의심의 눈초리로 묻습니다. "국가로부터 정식 인가도 받지 않은 기독교 학교가 이 치열한 경쟁 사회에서 과연 경쟁력이 있겠습니까?" 합리적인 질문입니다. 그러나 전인기독학교는 지난 시간의 열매를 통해 그 의구심을 놀라운 확신과 가능성을 넘어 충분함을 증명했습니다.

우리의 현실은 녹록지 않습니다. 국가로부터의 재정 지원금도 없고, 대기업이 지어준 화려한 시설도 없습니다. 무상교육 시대에, 학부모님들은 적지 않은 학비를 오롯이 감당해야 합니다. 그럼에도 불구하고, 앞서 데이터로 확인했듯이 학교 교육에 대한 학부모 만족도는 99%에 달합니다. 상식적으로 이해하기 힘든 이 숫자의 비밀은 과연 무엇일까요?

그것은 바로 교육 철학의 '일치성'에서 오는 강력한 힘입니다.

세상 교육은 유행처럼 번지는 교육 정책과 시시각각 변하는 입시 제도에 따라, 아이들을 이 학원에서 저 학원으로 쉴 새 없이 '뺑뺑이' 돌립니다. 그러나 우리는 지난 20년간 단 한 번도 흔들리지 않고, 오직 성경적 세계관을 중심에 둔 전인교육(성·지·정·의·체)이라는 단 하나의 원칙을 고집스럽게 밀고 나갔습니다.

그 결과는 놀라웠습니다. 우리는 값비싼 사교육과 선행학습 없이, 오직 '학교의 책임 교육'과 '가정의 신뢰'만으로도 아이들이 대학 입시에서 탁월한 성과를 낼 수 있음을 증명했습니다. 하지만 그보다 더 중요한 성과는 아이들이 경쟁의 노예가 아니라 배움의 주인이 되어 '행복하게 공부하는 법'을 터득했다는 점입니다.

이것은 단순한 하나의 성공 사례를 넘어선, 대한민국 교육계를 향한 중대한 선언입니다. 우리 아이들을 성장시키는 교육의 진짜 주권은 불안감을 먹고 자라는 거대한 사교육 시장에 있는 것이 아니라, 하나의 비전으로 굳건히 연합한 학교와 가정에 있음을 증명한 거룩한 쾌거입니다. 사교육이라는 외부의 힘을 빌리지 않을 때, 아이들은 비로소 스스로 공부하는 내면의 힘을 기르게 됩니다. 그리고 그 힘이야말로 아이의 인생을 끝까지 책임질 진짜 실력입니다.

2. 부모, 교육의 구경꾼에서 주체자로

학교가 아무리 좋은 씨앗을 심고 정성껏 물을 주어도, 가정이라는 토양 자체가 병들어 있다면 그 나무는 결코 온전히 자랄 수 없습니다. 학교에서는 매일 "하나님의 영광을 위해 살라"고 배우는데, 저녁 식탁에서 부모님으로부터 "그래도 일단 좋은 대학 가서 성공하고 봐야지"라는 말을 듣는다면, 아이는 무엇을 따라야 할까요? 아이의 내면에서는 두 개의 세계관이 충돌하며 극심한 혼란, 즉 영적인 정신분열을 겪게 될 수밖에 없습니다.

그래서 저는 감히 단언합니다. 기독교 학교 교육의 성패는 훌륭한 커리큘럼이나 교사의 뛰어난 역량만으로 결정되지 않습니다. 그 모든 것을 가능하게 하는 가장 결정적인 열쇠는 바로 '부모'에게 있습니다.

부모의 '두 번째 거듭남'이 필요합니다

수많은 크리스천 부모님들이 중대한 착각 속에 살아갑니다. "내가 교회 집사이고 권사이며 장로인데, 내 자녀 교육관도 당연히 기독교적이겠지"라는 생각입니다. 그러나 실상은 전혀 그렇지 않은 경우가 너무나 많습니다. 그들의 신앙과 자녀 교육관은 분리된 채, 주일의 신앙인과 주중의 교육자로서 전혀 다른 모습으로 살아갑니다.

이 문제에 대해 오랫동안 연구해 온 기독교학교교육연구소의 박상진 교수님은 크리스천 부모에게 구원의 체험을 넘어서는 '두 번째 거듭남'이 절실하게 필요하다고 역설합니다.

첫 번째 거듭남이 예수 그리스도를 내 인생의 구원자이자 주인으로 영접하는 구원의 사건이라면, 두 번째 거듭남은 '내 자녀'와 '자녀 교육'의 주권마저도 온전히 하나님께 내어드리는 '교육적 회심(Educational Conversion)'의 사건입니다.

너무나 많은 부모가 교회에서는 독실한 신자처럼 보이지만, 자녀의 성적표와 입시 문제 앞에서는 세상의 그 누구보다 철저한 세속주의자가 됩니다. 자녀 교육의 우선순위가 무엇인지, 어떤 관점으로 자녀를 바라보는지, 그리고 교육의 최종 목표가 무엇인지가 세상 사람들의 방식과 조금도 다르지 않다면, 그 부모는 아직 교육에 있어서만큼은 거듭나지 못한 것입니다.

그렇기에 저희 학교는 신입생 학부모님들께 단순히 학교 설명회를 여는 것이 아니라, 5주간 입학을 위한 부모교육 과정을 통해 '두 번째 거듭남'을 위한 영적 씨름을 치열하게 요구합니다. 부모님 마음 중심의 왕좌에 굳건히 앉아 있던 '내 자녀를 통해 이루고 싶은 나의 꿈', '세상 사람들에게 보여주고 싶은 나의 자존심', 그리고 '남들보다 뒤처지면 안 된다는 나의 욕심'을 십자가 앞에 내려놓고, 그 빈자리에 예수 그리스도를 자녀 교육의 진정한 주인으로 모셔야 합니다.

"내 아이는 나의 성공을 위한 소유물이 아니라, 하나님께서 잠시 나에게 맡기신 존귀한 하나님의 자녀입니다. 나는 주인이 아니라, 잠시 맡아 기르는 청지기일 뿐입니다."

바로 이 눈물의 고백이 부모의 심장에서 터져 나올 때, 비로소 가정은 교육의 구경꾼에서 주체자로 바로 서게 되며, 진정한 기독교 교육은 그 위대한 첫걸음을 떼게 됩니다.

가장 큰 변화는 부모님들에게서 일어났습니다.

놀랍게도, 지난 20년간 학교 현장에서 일어난 가장 크고 의미 있는 변화는 아이들의 성적 향상이 아니었습니다. 바로 부모님들의 변화였습니다.

처음에는 반신반의하며 불안한 마음으로 학교 문을 두드렸던 많은 학부모님이, 시간이 지날수록 변하기 시작했습니다. "내 아이만 좋은 대학 가면 돼"라는 이기적인 성공 욕망을 내려놓고, "하나님이 기뻐하시는 자녀로 키우겠습니다"라고 고백하는 '거듭난 교육자'로 세워져 갔습니다.

인터뷰를 통해 만난 부모님들 중 90% 이상이 학교의 교육과정에 깊이 만족하며 교사진을 신뢰한다고 답한 이유는, 단순히 아이의 성적이 올랐기 때문이 아닙니다. 그것은 학교 교육을 통해 자녀가 변화되고, 그 변화가 부모 자신을 변화시키며, 마침내 가정이 회복되는 기적을 온몸으로 경험했기 때문입니다.

결론적으로 기독교 학교는 아이들만 가르치는 단순한 곳이 아닙니다. 이곳은 부모를 교육의 방관자에서 거룩한 동역자로, 세속적 욕망의 투영자에서 '거듭난 교육자'로 세우는 영적인 훈련장입니다.

3. 교회여, 다시 학교를 세우라: 시대를 향한 거룩한 책임

이제 저는 이 책의 모든 논의를 모아, 한국 교회를 향해 간곡하고도 절박한 심정으로 호소합니다.

지금 우리의 다음 세대는 영적 멸종 위기(Spiritual Extinction)에 처해 있습니다. 주일학교 교실의 불이 하나둘 꺼져가고, 아이들의 찬양 소리가 멈추고 있습니다. 이것은 막연한 위기감이 아니라, 통계가 증명하는 차가운 현실입니다. 우리는 인정해야만 합니다. 일주일에 단 한 번, 1시간의 예배로는 167시간 동안 아이들의 영혼을 집어삼키는 거대한 세속 문화의 파도를 결코 막아낼 수 없습니다.

바로 이 절체절명의 순간에, 이제 교회가 나서야 합니다.

이것은 새로운 일이 아닙니다. 우리 믿음의 선배들이 걸어갔던 길의 재현입니다. 130여 년 전, 어둠과 무지의 땅이었던 조선에 복음의 빛을 들고 온 언더우드와 아펜젤러 선교사들이 가장 먼저 한 일은 교회를 세우고, 바로 그 옆에 학교를 세워 민족의 영혼을 깨운 것이었습니다.

나라를 빼앗긴 암흑의 시대, 민족의 지도자 도산 안창호 선생의 외침이 다시금 귓가에 들려오는 듯합니다. 그는 나라를 잃은 슬픔을 안고 전국을 돌아다니며 이렇게 부르짖었습니다.

"2천만 동포여, 나라가 망한 것은 이완용이나 일본 때문만은 아니오. 우리가 무지해서 나라를 망하게 한 것입니다. 그러니 이제부터라도 당신과 내가 함께 나라 살릴 공부를 합시다. 그리고 힘을 합쳐 전국에 학교를 세워, 우리의 아이들을 제대로 가르칩시다. 바로 그것이 이 땅을 살리는 진정한 애국 애족의 길이리니!"

오늘날 우리는 총칼에 나라를 빼앗기지는 않았지만, 우리의 자녀들은 그들의 생각과 영혼을 세상 문화에, 하나님 없는 세계관에 빼앗기고 있습니다. 도산의 외침은 오늘 우리를 향한 외침입니다. 다음 세대를 위한 학교를 세우는 것, 이것은 더 이상 선택 사항이 아니라 한국 교회의 생존과 직결된 시대적 사명입니다.

물론, 현실적인 반론이 들려옵니다.
"학교를 세우는 데 돈이 너무 많이 들지 않습니까?"
"교인 수가 줄어드는 현실인데 성도들에게 너무 큰 부담을 주는 것이 아닐까요?"

결코 쉽지 않은 길임을 잘 알고 있습니다. 하지만 우리는 질문을 바꿔야 합니다. 아프리카 속담에 "한 아이를 키우려면 온 마을이 필요하다"는 말이 있습니다. 이 말을 교회에 이렇게 적용하고 싶습니다.

"한 명의 온전한 그리스도인을 키우려면, 온 교회가 '거룩한 마을'이 되어야 합니다."

가정 혼자서는 이 거센 세속의 파도를 감당할 수 없습니다. 학교 혼자서도 역부족입니다. 가정과 학교, 그리고 교회가 마치 삼겹줄처럼 단단히 묶인 하나의 '교육 공동체'가 될 때 우리는 비로소 세상이 감당할 수 없는 다음 세대를 길러낼 수 있습니다. 교회는 바로 그 '거룩한 마을'의 중심이자 심장이 되어야 합니다.

우리의 목표는 명확합니다. 이 악하고 음란한 세대 속에서 바알에게 무릎 꿇지 않는 7천 명의 거룩한 용사를 길러내는 것입니다. 세상의 풍조에 휩쓸려 떠내려가는 대신, 바벨론의 한복판에서도 "뜻을 정하여" 하나님의 사람으로 자신을 지켜내는 다니엘과 같은 아이들을 길러내는 것입니다.

이것은 단순히 교회의 부흥을 넘어, 이 땅에 '왕 같은 제사장'을 세우는 거룩한 사명입니다. 더 이상 공교육 시스템이라는 골리앗 앞에서 우리 아이들이 영적으로 죽어가는 것을 방치해서는 안 됩니다. 그들이 거룩한 나라요, 하나님의 소유된 백성으로서 세상 속에서 당당하게 살아갈 수 있도록 영적, 지적, 인격적 능력을 갖추게 해야 합니다.

우리 전인기독학교 역시 교회(Local Church)의 기도와 헌신으로 시작되었습니다. 세상의 눈에는 무모해 보이는 도전이었지만, 하나님은 그 믿음의 씨앗을 결코 땅에 떨어뜨리지 않으셨습니다. 교회와 온 성도들이 기도와 재정으로 헌신하고 후원할 때, 학교는 세상이 감당할 수 없는 하나님의 용사들을 길러내는 가장 안전하고 강력한 요람이 될 것입니다.

4. 대안(Alternative)이 아니라 원안(Origin)입니다

우리는 흔히 기독교 학교를 '대안학교'라고 부릅니다. 그 단어 속에는, 공교육이 실패했기에 어쩔 수 없이 선택하는 차선책이라는 아쉬움과 소수자의 길이라는 뉘앙스가 담겨 있습니다.

하지만 저는 이제, 이 책의 모든 여정을 마무리하며 그 이름을 단호하게 거부하고자 합니다. 기독교 학교는 결코 세상 교육의 대안이 아닙니다. 이것은 창조주 하나님께서 태초에 인간을 위해 친히 디자인하신 교육의 '원안(The Origin)'이며, 죄로 인해 깨어지고 무너진 교육의 '본질(Essence)' 그 자체입니다.

하나님을 떠난 공교육은 인간을 행복하게 하지 못했습니다. 세상을 평등하게 만든다는 명분 아래 오히려 더 깊은 절망과 불행, 타락한 존재들을 양산했을 뿐입니다. 이처럼 세속화되고 '하나님 없다'라고 가르치는 타락한 교육을 회복하는 유일한 길은, 그것을 거부하고 하나님께서 본래 의도하신 교육으로 돌아가는 것 뿐입니다.

타락한 세상 문화의 거센 파도에 휩쓸리지 않고, 바벨론 한복판에서도 "다니엘처럼 뜻을 정하여" 자신을 거룩하게 지켜내는 아이들.

세상의 모든 우상 앞에 무릎 꿇지 않고, 오직 여호와를 경외하는 것이 모든 지혜와 지식의 근본임을 온몸으로 아는 아이들.

바로 이런 아이들을 길러내는 것이야말로 교육의 원래 목적이며, 교회가 다음 세대를 위해 마땅히 감당해야 할 지상 최대의 명령입니다.

이제 선택과 결정의 갈림길이 우리 앞에 놓여 있습니다.

하나는 지금까지 그래왔듯, 세상의 풍조를 따라가며 불안과 염려 속에 자녀의 영혼을 맡기는 넓은 길입니다. 다른 하나는 좁고 외롭지만, 진리와 생명이 있는 길, 바로 가정과 교회와 학교가 하나 되어 걷는 기독교 학교의 길입니다.

지난 20년간 광야에서 외치는 작은 소리에 불과했던 전인기독학교의 이야기가, 오늘 이 책을 읽는 여러분의 마음에 꺼지지 않는 작은 불씨가 되기를 간절히 소망합니다. 이 믿음의 불씨가 여러분의 가정으로, 섬기는 교회로 번져나가, 절망의 재만 남은 듯한 무너진 대한민국 교육 현장을 다시 일으켜 세우는 거룩한 부흥의 불길이 되기를 기도합니다.

그리하여 우리의 자녀들이 분단된 조국의 아픔을 치유하고 통일 한국의 새벽을 깨우며, 마침내 땅끝 열방을 향해 하나님의 증인으로 나아가는 그날까지 우리 모두 각자의 자리에서 이 거룩한 행진을 시작해야 합니다.

교육이 살아야 나라가 삽니다.

그리고 그 교육의 유일한 희망은 어제도 오늘도 영원토록,

오직 우리 주 예수 그리스도께 있습니다. 이 복음 위에 교회가 기독학교를 세워 온전한 사람을 만드는 교육의 책임을 다할 때 하나님의 나라가 이 땅에 세워지며 그리스도의 계절이 다시 찾아 올 것입니다. 이것이 교회가 기독학교를 세워야 하는 이유입니다.

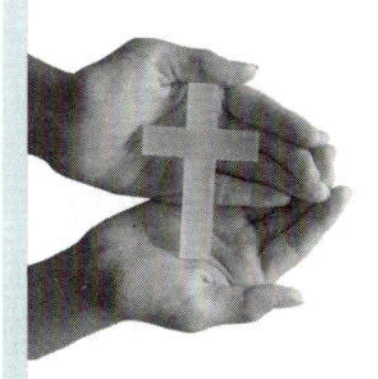

제3장

지속 가능한 학교를 위한 제언

부제: 교육 주권의 회복과 언약 공동체의 책무

지금까지 기독교 학교 교육의 성경적 원리와, 그 원리가 아이들의 삶과 가정 안에서 맺어 온 열매들을 확인했습니다. 그러나 아무리 숭고한 이념과 탁월한 성과가 증명된다 하더라도, 그 교육을 담아내는 학교라는 그릇 자체가 지속 가능하지 않다면, 그간의 모든 노력은 결국 모래 위에 지은 성처럼 허무하게 무너져 내릴 수밖에 없습니다.

이제 과제는 단순히 '생존'의 문제를 넘어, 빼앗긴 '교육 주권(Educational Sovereignty)'의 완전한 회복이라는 더 높은 목표를 향해 나아가야 합니다. 이를 위하여 지속 가능한 기독교 학교를 위한 구체적인 법적 과제와 이 사명을 함께 짊어져야 할 우리 언약 공동체의 거룩한 책무에 대해 논의해야 합니다.

1. 위기의 대안학교: '돈'의 문제가 아닌 '정의(Justice)'의 문제

지난 20여 년간, 한국의 기독교 대안학교 운동은 획일화된 입시 위주의 공교육 시스템이 결코 담아내지 못하는 다양한 교육적 필요를 채워왔습니다. 지식 전달을 넘어, 인성과 영성을 갖춘 다음 세대 인재를 길러내는 교육의 터전 역할을 묵묵히 이어왔습니다. 공교육이 성적과 경쟁만을 외치는 차가운 전쟁터로 변질되어갈 때, 기독교 대안학교는 한 영혼 안에 있는 '하나님의 형상'을 회복시키는 교육의 본질을 붙들고 외로운 씨름을 해왔습니다.

그러나 오늘날, 이 소중한 교육의 못자리는 심각한 '지속 가능성의 위기'에 직면해 있습니다. 국가의 재정 지원이 전무한 상황에서 학교 운영비의 70% 이상, 때로는 전액을 오롯이 학부모 부담금에만 의존해야 하는 기형적인 재정 구조는 '고비용-저효율'의 악순환을 초래하고 있습니다.

이 악순환은 두 가지 비극적인 결과를 초래합니다. 첫째, 높은 학비 장벽은 경제적으로 어려운 저소득층 가정의 진입을 원천적으로 차단하는 '교육 불평등'을 심화시킵니다. 둘째, 열악한 재정은 결국 소명 하나로 버티는 교사들에게 '열정 페이'를 강요하는 구조를 만들고, 이는 교육의 질을 심각하게 훼손할 수밖에 없습니다. "가난한 자에게 복음을 전하고, 소외된 자에게 교육의 기회를 주어야 한다"는 기독교 학교의 가장 숭고한 건학 이념이, 차가운 '자본의 논리' 앞에서 무력해지는 모순적인 상황에 부딪히는 것입니다.

이 재정적 딜레마를 단순히 개별 학교가 알아서 해결해야 할 경영상의 문제로 치부해서는 안됩니다. 이것은 '돈'의 문제를 넘어, 대한민국 헌법이 보장하고 있는 '국민의 교육받을 기본권'과 우리 사회가 추구해야 할 '교육 정의(Justice)'의 차원에서 다루어져야 할 중차대한 공적 사안입니다.

따라서 우리는 먼저 한국 교육의 구조적 현실을 냉철하게 진단하고, 국가적 차원의 '교육 바우처(Voucher)' 도입의 정당성을 헌법적 가치 위에서 논증하고 더 나아가 국가의 지원을 넘어선 교육의 완전한 자립을 이뤄야 합니다. 이를 위해 미국 그랜드래피즈의 '자립형 독립 학교(Independent School)' 모델을 통해 한국 교회가 마땅히 감당해야 할 본질적인 책무를 제언하고자 합니다.

2. 현실 진단: '무상 교육'의 허상과 사교육비의 역설

오랫동안 공교육은 '무상 의무교육'이라는 표어로 이해되어 왔습니다. 그러나 이 구호는 현실에서 반쪽짜리 진실로 기능해 왔으며, 때로는 한국 사회의 교육적 병폐를 가리는 허상으로 작동해 왔습니다. 학부모는 이미 막대한 세금을 통하여 공교육비를 부담하고 있음에도, 자녀의 미래에 대한 불안으로 천문학적 사교육비를 추가 지출하는 '이중의 경제적 굴레'에 놓여 있기 때문입니다.

이 현상은 한 가지 사실을 가리킵니다. 즉, 현행 공교육 시스템이 교육의 주체인 학부모와 학생의 본질적 교육적 필요와 기대를 충분히 충족시키지 못하고 있다는 것이며, 사교육비의 추가 지출은 현재의 공교육에 대한 강한 불신의 징후로 이해될 수 있습니다.

① 사교육비 폭증과 공교육의 명백한 한계

통계는 이러한 현실을 더 선명하게 보여 줍니다. 통계청과 교육부가 발표한 '초중고 사교육비 조사' 결과에 따르면 2023년 대한민국의 사교육비 총액은 약 27조 1천억 원으로 역대 최고치를 경신하였습니다. 2024년과 2025년의 추정치 또한 물가 상승 등과 맞물려 이 수치를 상회할 가능성이 크다고 평가되고 있습니다.

특히 교육 경쟁이 치열한 서울 지역 고등학생의 월평균 사교육비가 100만 원에 육박하는 수준으로 언급되며, 교육으로 인해 가계가 빈곤해지는 '에듀푸어(Edu-poor)' 현상까지 반복적으로 지적되어 왔습니다. 주목할 점은, 공교육 체제에 머물러 있는 학부모가 부담하는 사교육비를 포함한 이 막대한 '불안 비용(Anxiety Cost)'이 이미 다수 기독교 대안학교의 학비 수준과 유사하거나 오히려 이를 상회하는 경우도 있다는 사실입니다. '공교육은 공짜'라는 인식이 결과적으로 더 큰 비용을 치르게 하는 역설로 이어지고 있는 것입니다.

② 비용의 패러다임 전환: '소모적 경쟁'에서 '살리는 교육'으로

이러한 현실 앞에서는 '비용'에 대한 관점 전환, 곧 패러다임 전환이 요청됩니다. 기독교 대안학교를 비롯한 비인가학교(이하 비인가형학교)의 학비가 비싸다는 평가는 흔하나, "돈이 없어 대안학교에 갈 수 없다"는 말은 부분적으로만 타당합니다. 공교육 체제 안에서도 이미 '불안'이라는 이름의 보이지 않는 비용이 대규모로 지출되고 있기 때문입니다.

따라서 핵심은 지출 총량 자체가 아니라, 그 비용이 어떠한 교육을 낳는지에 관한 질문입니다. 즉, 소모적 경쟁을 강화하는 비용인지, 혹은 학생을 살리고 가정을 회복하며 공동체의 건강성을 높이는 '살리는 교육'을 위한 비용인지에 대한 판단이 요구된다는 것 입니다.

비인가형학교는 입시 경쟁 중심의 구조 속에서 방치되기 쉬운 학생들에게 전인적 교육을 제공하고, 진로 탐색이라는 중요한 공적 역할을 공교육의 한계를 보완하는 방식으로 수행해 왔습니다. 또한 학교 폭력, 학업 중단, 청소년 범죄 등 공교육의 실패가 야기하는 막대한 사회적 비용(Social Cost)을 사전에 예방하는 안전망의 역할도 감당해 왔다고 평가될 수 있습니다.

그러므로 비인가형학교에 대한 재정적 지원을 소수 집단을 위한 '특혜'로 이해하면 안됩니다. 이는 국가가 감당해야 할 일부 기능을 민간 영역이 대신 수행하는 것에 대한 최소한의 비용 보전이며, 국가의 미래 경쟁력을 위한 '미래 투자'로도 설명될 수 있습니다.

3. 헌법적 재해석: '의무교육'의 프레임을 넘어 '행복추구권'으로

비인가형학교에 대한 재정 지원 논의에서는 다음과 같은 반론이

자주 제기됩니다.

"국가가 제공하는 의무교육 시스템을 스스로 거부하고 나간 경우에도, 왜 국민의 혈세를 지원해야 합니까?"

표면적으로는 합리적으로 들릴 수 있으나, 대한민국 헌법의 정신과 교육의 본질을 더 깊이 검토할 때 이 질문이 '의무'와 '권리'의 관계에 대한 오해를 전제하고 있음을 확인하게 됩니다. 이에 따라 낡은 프레임을 넘어 헌법이 실질적으로 보장하고자 하는 가치를 재해석할 필요가 있습니다.

① '취학(Schooling)'이 아닌 '교육(Education)'의 의무

출발점은 대한민국 헌법 제31조 제2항입니다.

"모든 국민은 그 보호하는 자녀에게 … 법률이 정하는 교육을 받게 할 의무를 진다."

이 조항의 핵심은 '교육(Education)'이라는 단어에 있습니다. 헌법이 부모(보호자)에게 부여한 의무는 자녀를 반드시 국가가 설립·운영하는 특정 학교라는 물리적 공간에 보내는 '취학(Schooling)' 의무가 아니라, 자녀가 교육을 받도록 하는 의무로 이해될 여지가 큽니다. 만일 취학 자체가 핵심이었다면 '취학시킬 의무'라는 표현이 사용되었을 가능성이 높습니다. 헌법이 말하는 '교육'은 한 아동이 건강한 사회 구성원이자 온전한 인격체로 성장하는 데 필요한 지적·정서적·도덕적 영역을 포괄하는 개념으로 해석될 수 있습니다.

② '행복추구권'에 근거한 교육 선택권의 정당성

또한 논의의 핵심이 되는 헌법적 기반은 헌법 제10조가 보장하는 '인간으로서의 존엄과 가치 및 행복추구권'입니다. 대한민국의 모든 법률과 제도는 이 최상위 가치를 실현하기 위하여 존재해야 합니다.

그렇다면, 현행 입시 중심 공교육 시스템이 학생 개개인의 고유한 가치를 존중하고 행복을 증진하기보다는 과도한 경쟁과 스트레스로 행복을 현저히 저해하는 상황이 지속될 때, 보호자가 자녀의 행복과 종교적 신념을 지키기 위해 다른 교육 방식을 선택하는 것은 단순한 취향의 문제가 아니라 헌법상 권리 행사로 정당화될 수 있습니다.

국가는 교육을 독점하는 주인이 아니라, 부모의 교육권을 돕고 지원하는 보조자(Subsidiary)로서 기능해야 한다는 관점이 요청됩니다. 그럼에도 "국가가 정한 방식대로 하지 않으면 지원하지 않겠다"는 식의 태도는 교육 선택권을 사실상 박탈할 위험이 있으며, 이는 국가주의적 월권 혹은 행정 편의주의로 비판될 소지가 큽니다.

결론적으로, 비인가형학교에 대한 재정 지원은 '의무를 저버린 이들'에게 베푸는 시혜나 자선이 아니라, 헌법상 교육 의무를 성실히 이행하는 국민에게 가해지는 부당한 차별을 시정하고 자녀의 행복을 추구할 권리를 보장하는 조치로 이해될 수 있습니다. 이는 특혜가 아니라 정의와 형평성의 문제로 다루어져야 합니다.

4. 현실적 대안: 공급자 지원에서 수요자 권리 회복을 위한 교육 바우처(Voucher)로

비인가형학교 학부모가 납부한 교육 관련 세원이 정작 자신의 자녀에게는 1원도 배분되지 않는 현행 구조는 '이중 부담'으로 인식될 가능성이 높으며, 헌법상 평등권 논의와도 접점을 갖습니다.

따라서 해법은 학교(공급자)에 대한 선택적 지원이 아니라, 학생·가정(수요자)의 권리를 실질적으로 회복하는 방향에서 모색될 필요가 있습니다. 그 구체적 정책 대안으로 '교육 바우처(Voucher)'가 제시될 수 있습니다.

① 바우처 제도의 효과: 자율성과 선택권의 동시 강화

바우처 체제로의 전환은 두 가지 효과를 기대하게 합니다. 첫째, 학교는 획일적 통제에서 벗어나 건학 이념과 교육 철학을 지킬 수 있는 자율성을 더 폭넓게 보장받을 수 있습니다. 둘째, 학부모는 자녀에게 적합한 교육을 선택할 실질적 권리를 보장받고, 과도한 경제적 부담으로부터 벗어날 가능성이 높아집니다.

이는 단순한 아이디어를 넘어, 대한민국 교육의 다양성과 경쟁력을 높이기 위한 대안으로 국회 및 여러 교육 단체 등에서 논의되어 온 정책 방향으로도 알려져 있습니다.

② '등록제'를 통한 사회적 책무성 확보

다만 바우처 제도 도입을 위해서는 국민의 세금이 올바르게 사용되도록 하는 최소한의 법적·제도적 안전장치가 필요합니다. "교육의 질을 어떻게 담보할 것인가?"라는 질문에 답하는 구조가 마련되어야 합니다.

대안으로 '등록제'가 제시될 수 있습니다. 운동장 크기나 건물 높이 등 비본질적 시설 기준을 강하게 요구하는 '인가제'는 다양한 형태의 대안학교를 제도권 안으로 포용하기 어렵게 합니다. 반면 안전 및 필수 교육과정 등 최소 요건을 충족하면 정식 교육기관으로 인정하는 '등록제'는 포용성과 관리 가능성을 함께 확보하는 방식으로 설명될 수 있습니다.

등록제를 기반으로 정부는 다양한 대안학교를 제도권 내로 포용하면서 최소한의 책무성과 교육의 질을 관리할 수 있으며, 등록된 학교에 재학하는 학생에게는 공교육 학생과 차별 없이 바우처가 지급되어야 한다는 논리도 성립할 수 있습니다.

또한 이는 네덜란드의 '교육의 자유' 논의처럼, 공립과 사립(종교)학교를 동등하게 지원하는 모델을 참고하는 방향으로도 해석될 수 있습니다.

5. 지원을 넘어 자립으로: '자립형 독립 학교'와 언약 공동체의 책무

재정 지원 논의는 매우 중요하나, 궁극적 목표가 '지원'에만 머물러서는 지속 가능성이 확보되기 어렵습니다. 국가 지원에 전적으로 의존하지 않는 구조를 지향하는 '자립'의 비전도 동시에 요청됩니다.

① '자립형 독립 학교'의 법적 공간 요구

현행 사학 관련 제도는 일부 부실 사학의 문제를 예방한다는 명분 아래, 다수의 건강한 사학의 자율성까지 과도하게 제한하는 방향으로 작동해 왔다는 비판이 존재합니다.

이에 따라, 국가의 재정 지원을 받지 않는 대신 교육과정 편성, 교사·학생 선발, 등록금 책정 등 교육 운영 전 영역에서 폭넓은 자율권을 보장받는 '자립형 독립 학교'의 법적 공간을 마련할 필요가 있다는 제안이 가능합니다. 국가는 모든 학교를 획일적 잣대로 통제해오던 관성을 넘어, 다양한 교육 철학을 가진 학교가 공존하며 선의의 경쟁을 할 수 있도록 법적 토양을 조성하는 방향을 검토할 필요가 있습니다. 이는 헌법이 보장하는 교육의 자주성·전문성·정치적 중립성을 실현하는 방식으로도 정당화될 수 있습니다.

② 교회와 공동체의 책무: 미국 그랜드래피즈 사례의 교훈

다만 진정한 자립은 법률만으로 완성되기 어렵습니다. 국가 지원으로부터의 독립은 공동체가 그 책임을 스스로 감당해야 함을 의미합니

다. 이를 위해서는 '가정-교회-학교'가 이루는 협력이 핵심 요소로 제
시됩니다.

이와 관련하여 미국 미시간주 그랜드래피즈(Grand Rapids) 지역의 기
독교 학교 모델은 참고 사례로 언급될 수 있습니다.

(1) 그랜드래피즈 모델: 언약(Covenant)에 기초한 공동체적 책임

해당 지역의 개혁주의 교회 공동체에서는 자녀 교육을 개별 가정
의 부담으로만 여기지 않고, '하나님과의 언약 이행'이라는 공동체적
책무로 이해하는 경향이 있다고 보고되었습니다. 이는 '한 아이를 키
우려면 공동체 전체가 필요하다'는 인식을 제도화하는 방식으로 나타
날 수 있습니다.

예컨대, 교회 내 '기독교 교육 기금(Christian Education Fund)'을 제도화하
여 교회 예산에 기독교 학교 지원 항목을 안정적으로 편성하고, 정기
헌금 등을 통해 장학·운영 재원을 마련하는 방식이 활용되어 왔다고
정리될 수 있습니다.

(2) 한국 교회를 향한 적용: '시스템'으로의 전환 제안

그랜드래피즈 사례는 국가 바우처가 부재하더라도 공동체적 책임
이 제도화될 경우 교육 자립의 기반이 형성될 수 있음을 시사합니다.
이러한 점을 감안한다면 교회의 대안 학교에 대한 지원은 일회성 지
원을 넘어 구조적 '시스템'으로 대응하는 방향을 모색하는 것이 바람
직합니다.

첫째, '교육 선교 예산'의 정례화가 검토될 수 있습니다. 교단 헌법 및 개교회 정관 등에 기독교 학교 지원을 교회의 책무로 명시하고, 권역별 기독교 학교를 '특수 선교지'로 규정하여 정기 예산을 지원하는 체계가 논의될 수 있습니다.

둘째, '한 성도-한 학생' 연계형 후원(입양) 모델의 도입이 가능합니다. 사교육 시장으로 흘러가던 비용 일부를 학교 발전기금과 장학금으로 전환하는 구조를 마련할 경우, 국가 지원 공백이 공동체적 연대로 보완될 수 있습니다.

셋째, '교회 시설 공유'를 통한 자산 활용이 대안이 될 수 있습니다. 대안학교 재정의 큰 비중을 차지하는 시설비를 낮추기 위해 주중에 비어 있는 교육관·식당·예배당 등을 교육 공간으로 제공하고, 은퇴 교사 등 인적 자원을 교육 봉사로 연계하는 방식이 고려될 수 있습니다. 이 경우 학교 운영비가 상당 부분 절감될 수 있습니다.

6. 거룩한 교육 주권의 회복을 위하여

교육 바우처와 국가의 책임이 논의되는 이유는 단기적 재정 완화에만 있지 않습니다. 이는 교육 정의를 바로 세우고, 헌법이 보장하는 국민의 정당한 권리를 외면하지 않고 최소한의 공의를 구현해야 한다는 시대적 요청으로 정리될 수 있습니다.

최종 목표는 단순한 '지원'이 아니라 '자립'이어야 합니다. 국가의 지원이 없더라도 성경 중심의 기독교 학교 교육은 포기할 수 없는 과제입니다. 이를 위해 하나님 중심의 전인 교육을 통해 다음 세대를 세우는 지속 가능한 교육 시스템을 구축해야 합니다. 이러한 시스템은 교단, 교회, 가정, 기업이 언약 공동체로 협력할 때 비로소 현실적인 가능성이 커집니다.

따라서 교육 주권(Educational Sovereignty) 회복의 길에 한국 교회와 사회, 그리고 크리스천 가정이 함께 참여하는 것이 요청됩니다.

교육의 길을 잃은 대한민국,
'원형(Origin)'으로 돌아가라

부제: 남은 자(Remnant)가 세우는 하나님의 나라

1. 아파하는 대한민국, 치유의 길은 어디에 있는가?

지금 대한민국은 깊은 신음 속에 아파하고 있습니다. 정치, 경제, 사회, 교회뿐 아니라, 우리 삶의 가장 기초가 되는 가정마저 뿌리째 흔들리고 있습니다. 많은 사람이 이 총체적인 아픔의 원인을 진단하고 그 치유를 위해 다양한 대안을 찾고 있으며, 마치 약속이라도 한 듯 공통으로 지목하는 분야가 바로 '교육'입니다.

하지만 현실은 결코 녹록지 않습니다. 하나님을 배제한 국가 중심의 공교육은 마치 난공불락의 성벽과 같습니다. 특히 '무상교육'이라는 거대한 물량 공세는, 선한 의도가 무색하리만큼 결과적으로 많은 학부모가 교육의 본질과 자녀의 영혼이라는 가치를 비용과 맞바꾸면 포기하게 만드는 안타까운 현실을 초래했습니다. 이런 상황 속에서, 한 교회나 개인이 학교를 세워 하나님의 사람을 온전히 교육한다는 것은, 마치 거대한 골리앗 앞에 선 소년 다윗의 싸움처럼 무모하고 불가능해 보입니다. 그런 불가능 속에 우리는 이 질문을 하게 됩니다.

"교육의 길을 잃고 표류하는 대한민국에 과연 희망은 있는가?"

저는 이 질문에 대해 분명하게 "그렇다"고 대답할 수 있습니다. 왜냐하면 이 책의 모든 여정을 통해 확인한 그 유일한 대안과 희망은 바로 가정, 학교, 교회가 성령 안에서 하나의 목적과 비전으로 연합하여, 성경적 세계관으로 다음 세대를 길러내는 '하나님 중심의 기독교학교'에 있기 때문입니다.

2. 대안(Alternative)을 넘어 원형(Origin)으로

우리는 너무나 오랫동안 기독교 학교를 '대안학교'라고 불러왔습니다. 그 단어 속에는, 공교육이 실패했기에 어쩔 수 없이 선택하는 차선책이라는 아쉬움이 묻어납니다. 하지만 저는 이제, 그 겸손하지만 소극적이었던 이름을 거부하고 새로운 정체성을 선포하고 싶습니다. 기독교 학교는 세상 교육의 실패를 땜질하는 대안(Alternative)이 아닙니다. 이것은 창조주 하나님께서 본래 인간을 위해 설계하신 교육의 '원형(Origin)'이며, 죄로 인해 깨어진 교육의 '본질(Essence)' 그 자체입니다.

하나님을 떠난 공교육은 인간을 행복하게 하지 못했습니다. 세상을 평등하게 만든다는 명분 아래 경쟁을 부추겼으며 이를 통해 오히려 불행하고 영적으로 타락한 존재들을 양산했을 뿐입니다. 이처럼 세속화되고 병든 교육을 회복하는 유일한 길은, 그것을 수선하는 것이 아니라 그것을 과감히 거부하고 성경적 세계관 중심의 교육을 다시 세우는 것입니다.

그러나 불행하게도 오늘날의 교회와 가정은 그럴 능력과 주권을 상당 부분 상실했습니다. 우리는 다음 세대 교육의 신성한 주권을 국가(공교육)에 너무나 쉽게 내어주었고, 그 결과 우리 자녀들의 생각의 틀(세계관)은 사탄에게 정복당한 채 속수무책으로 끌려가고 있습니다. 공교육은 무너졌다 하면서 공교육에서 살아남기 위해 발버둥치는 묘한 세상에 살고 있습니다.

이제 우리는 잃어버린 교육의 주권을 되찾아와야 합니다. 이것은 두 가지 차원의 거룩한 주권전쟁을 통해 이루어 나가야 합니다. 첫째는 국가 중심 교육 시스템에 대한 올바른 법적 이해를 바탕으로 부모의 교육권을 당당히 주장하는 외부적인 싸움입니다. 그리고 더 중요한 둘째는 부모 스스로가 자녀 교육의 최종 책임자라는 하나님 앞에서의 거룩한 사명을 회복하는 내면적인 싸움입니다. 이 주권을 회복할 때, 우리는 비로소 방관자에서 주체자로 바로 서게 될 것입니다.

3. 마틴 루터의 외침과 제2의 종교개혁

우리는 길을 잃었을 때, 위대한 개혁의 역사에서 나아갈 방향을 찾아야 합니다. 500여 년 전, 부패한 종교 시스템에 맞서 교회의 본질을 회복시켰던 마틴 루터는, 사실 근대 공교육의 기틀을 마련한 위대한 교육 개혁가이기도 했습니다.

루터에게 교육 개혁은 종교개혁의 핵심이었습니다. 그는 '모든 성도가 제사장'이라는 신념 아래 모든 사람이 하나님의 말씀을 직접 읽고 이해하며 각자의 삶의 현장에서 하나님 나라를 건설해야 한다고 믿었습니다. 이것을 실현하기 위해 반드시 필요한 것이 바로 교육을 통한 해방이었습니다. 성경적 세계관으로 무장하여 세상의 평화와 질서를 유지하는 경건한 지도자와 시민을 길러내는 것이, 구원받은 기독교인의 거룩한 책무라고 보았던 것입니다.

하지만 오늘날 대한민국의 공교육은 루터가 꿈꾸었던 그 위대한 정신을 배반하고 정반대의 길, 즉 하나님을 배제하는 변질된 길을 걷고 있습니다. 교회의 심장이었던 진리가 사라졌을 때 종교개혁이 필요했듯, 교육의 심장인 하나님이 사라진 지금, 우리에게는 교육 현장에서의 제2의 종교개혁이 절실합니다.

이 개혁은 타락한 세상과 본질을 상실한 교회, 그리고 무너진 가정을 다시 살리고 회복시키는 유일한 길입니다. 그리고 그 개혁의 구체적인 실천 방안은 바로 '여호와를 경외하는 학교'를 다시 세우는 것입니다.

이것은 단순히 새로운 교육 프로그램을 만드는 일이 아닙니다. 이것은 예수님께서 우리에게 마지막으로 부탁하신 지상명령(Great Commission)의 가장 정직하고 실제적인 실천입니다.

> *"그러므로 너희는 가서 모든 민족을 제자로 삼아 아버지*
>
> *와 아들과 성령의 이름으로 세례를 베풀고 내가 너희에*
>
> *게 분부한 모든 것을 가르쳐 지키게 하라"* (마태복음 28:19-20)

예수님의 마지막 명령은 단순히 복음을 전파하는 것(선교)에서 그치지 않았습니다. 그 말씀을 삶의 모든 영역에서 '가르쳐 지키게 하는 것(교육)'까지 이어집니다. 가정과 교회가 하나 되어 아이들의 영혼에 복음의 씨앗을 심고(세례), 학교라는 거룩한 토양 위에서 그 씨앗이 자라나 하나님의 온전한 사람으로 열매 맺도록 하는 것. 이것이야말로 이 땅에 교회가 존재하는 이유이자, 우리에게 맡겨진 가장 위대한 사명입니다.

4. 공공성의 딜레마와 교회의 결단

물론, 이 거룩한 행진 앞에는 높고 견고한 현실의 장벽이 존재합니다. 2010년 대법원 판결과 2009년 헌법재판소의 결정에서 드러났듯이, 대한민국 법체계는 사립학교의 고유한 자율성보다 국가 시스템에 편입된 '공공성'을 더 강조하며, 사립학교를 사실상 '준공립학교'로 취급하고 있습니다. 이는 곧, 국가의 재정 지원이라는 달콤한 열매를 받는 순간, 기독교 학교로서의 영혼과도 같은 정체성, 즉 건학 이념(신앙 교육의 자유)을 지키는 것이 현실적으로 불가능에 가까워진다는 것을 의미합니다.

그렇다면 우리는 이 딜레마 앞에서 어떻게 해야 합니까? 포기하고 현실에 순응해야 할까요?

총신대학교 김희자 교수의 제언처럼 길은 분명합니다. 기독교 학교는 외부의 지원에 의존하기보다 스스로의 정체성을 더욱 견고히 확립해야 합니다. 세상의 방식이 아닌 성경적 원리로 학생과 가정을 섬기는 교사와 행정 시스템을 구축해야 하며, 모든 학문이 하나님을 가리키도록 신앙과 학문이 통합된 교육과정을 끊임없이 개발해야 합니다.

그리고 이 모든 일의 중심에 마침내 '교회'가 나서야 합니다.

지금까지 교회는 다음 세대 교육을 너무나 오랫동안 방관해 왔습니다. 그러나 더 이상은 안 됩니다. 한 교회의 힘만으로 벅차다면, 지역의 교회들이 교파를 넘어 연합해야 합니다. 자매학교인 미국의 Cascade Christian School처럼, 교단이 전혀 다른 여러 지역교회가 '다음 세대'라는 단 하나의 목표를 위해 연합하여 훌륭한 학교를 세울 수 있습니다. 교육이라는 거룩한 사명은 교단과 교파를 초월하여 하나 되게 하는 힘이 있습니다.

이제 교회는 가장 가치 있는 곳에 투자해야 합니다. 웅장한 예배당 건물이 아니라, 다음 세대의 영혼을 건축하는 학교에 재정을 지원하고, 잠자는 교회의 공간을 아이들의 배움터로 내어주어야 합니다. 이것은 결코 사라져 없어질 '부담'이나 '비용'이 아닙니다. 이것은 한국 교회의 미래를 위해, 무너진 믿음의 유산을 다음 세대에게 온전히 전수하며 교회를 다시 부흥하게 할 가장 확실하고 강력한 영적 자산이 될 것입니다. 교회의 미래는 주일학교 명패에 적힌 몇 명의 이름이 아니라, 월요일 아침 세상의 학교로 향하는 아이들의 마음에 무엇을 심어 놓았느냐에 달려 있기 때문입니다.

5. 그루터기, 남은 자가 희망입니다

미래학자 최윤식 박사는 그의 저서 『한국교회 미래지도 2』에서, 2020년부터 2030년까지의 10년이 한국 교회의 운명을 가르는 결정적인 분수령이 될 것이라고 예견했습니다. 길고 긴 침체기를 지나 마침내 부흥의 전조가 드러나는 시기, 바로 그때 미래를 향한 '기회를 잡는 자'와 과거 속에 '잃어버리는 자'가 명확하게 갈릴 것이라는 통찰입니다.

이 책의 모든 여정을 마무리하며, 감히 예언적으로 선포하고 싶습니다. 그 미래의 기회를 잡고 한국 교회의 다음 시대를 열어갈 주역은 바로, 이 거룩한 교육 전쟁의 최전선에서 '기독교 학교와 함께 남은 자(The Remnant)'들일 것입니다.

일찍이 이사야 선지자는 이스라엘 민족이 심판을 받아 대부분이 사라지더라도, 베임 당한 밤나무와 상수리나무의 그루터기는 여전히 그 자리에 남아 있는 것처럼 소수의 남은 '거룩한 씨(The Holy Seed)'가 이 땅의 그루터기가 되어 다시금 거대한 숲을 이룰 것이라고 선포했습니다(사 6:13). 이 예언은 절망 속에서 피어나는 하나님의 희망에 대한 약속입니다.

오늘날 한국 교회는 저출산과 탈종교화라는 거대한 시대적 파도 속에서, 교회의 심장과도 같았던 주일학교가 급속도로 사라져가는 처참한 '베임'을 당하고 있습니다. 대안은 무엇입니까? 더 이상 주일 하루의 교육으로는 이 영적 전쟁에서 승리할 수 없음이 명백해졌습니다. 이제 우리는 아이들의 삶 전체를 하나님의 말씀으로 빚어내는 '매일학교(Daily School)'로의 거룩한 전환을 이루어야 합니다.

바로 이 기독교 학교가, 이 시대의 아픔을 치유하고 무너진 하나님 나라를 회복하고 재건할 이 땅의 '그루터기'입니다. 겉보기에는 작고 연약해 보이지만, 그 안에는 다음 세대를 살릴 '거룩한 씨앗'이 담겨 있습니다.

이제 우리가 가야 할 길은 명확합니다. 이 그루터기를 함께 지키고 가꾸는 것입니다.

교회는 더 이상 망설이지 말고, 건물과 재정을 드려 여호와를 경외하는 교육의 장(학교)을 마련해야 합니다. 이것은 부담이 아니라, 교회의 생존과 미래를 위한 가장 확실하고 시급한 투자입니다.

부모는 자녀 교육의 주권을 되찾아와, 기독교 학교와 함께 교육의 최종 책임을 감당하는 동역자로 바로 서야 합니다.

학교는 가정과 굳건히 연합하여, 한 영혼을 온전한 하나님의 사람으로 키워내기 위해 모든 것을 전심전력으로 쏟아부어야 합니다.

이것이 바로 교회가 학교를 세우고, 학교가 가정을 세우며, 가정이 다시 교회를 세우는 거룩한 선순환의 시작입니다. 이것이야말로 잃어버린 교육의 원형을 회복하는, 이 시대의 유일한 희망입니다.

6. 물이 바다 덮음 같이

영국의 위대한 지도자 윈스턴 처칠은 이렇게 말했습니다.

"인간 문명의 가장 위대한 진보는 우리가 잃어버린 것을 회복했을 때, 역사의 교훈을 배웠을 때 온다."

그렇다면 이 혼란의 시대에, 우리 대한민국이 잃어버린 가장 소중한 것은 무엇입니까? 단순히 훌륭한 교육 제도나 정책을 잃은 것이 아닙니다. 우리는 교육의 영혼을 잃어버렸습니다. 바로 '여호와를 경외하는 것이 지혜의 근본'임을 가르치는 교육이라는, 우리의 자녀들을 진정으로 살릴 수 있는 그 위대한 유산을 잃어버렸습니다.

그러므로 이제 탄식의 시대를 끝내고, 거룩한 회복의 여정을 시작해야 합니다. 교회와 가정은 더 이상 세상에 빼앗긴 하나님의 나라, 도둑맞은 교육의 주권을 방치해서는 안 됩니다. 이 거룩한 회복을 위해, 교회와 가정이 다시 교육의 중심이 된 학교를 세워야 합니다. 그리고 그 학교를 통해 하나님의 문화와 거룩한 자녀, 생명의 교육을 다시 일으켜 세워야 합니다.

기억하십시오. 기독교 학교의 교육은 단순히 공교육의 대안적 교육(Alternative)을 위해 존재하지 않습니다. 이것은 하나님께서 본래 의도하셨던 교육의 원안(Origin)을 회복하는 거룩한 개혁(Reformation)입니다. 그리고 이 교육이 회복될 때, 비로소 이 땅에 무너진 모든 것이 회복되고 하나님의 나라가 다시 세워질 것입니다.

이사야 선지자는 바로 그날의 영광을 이렇게 노래했습니다.
"내 거룩한 산 모든 곳에서 해 됨도 없고 상함도 없을 것이니 이는 물이 바다를 덮음 같이 여호와를 아는 지식이 세상에 충만할 것임이니라" (이사야 11:9)

우리는 바로 그날을 꿈꿉니다.
여호와를 아는 지식이 더 이상 주일학교 교실 안에만 갇혀 있는 것이 아니라, 우리 아이들의 모든 교실과 가정의 저녁 식탁 위에, 그리고 마침내 이 나라의 정치와 경제, 문화의 모든 영역 위에 넘실거리는 바닷물처럼 충만하게 될 그날을 꿈꿉니다. 하박국 선지자의 부르짖음처럼, 여호와의 영광을 인정하는 것이 세상에 가득하게 하는 일(합 2:14). 바로 그 위대한 일을 위해 오늘 기독교 학교는 이 땅에 존재합니다.

그러므로 모든 여정을 마치며, 흔들리지 않는 확신으로 다시 한 번 선포합니다. 기독교 학교는 절망의 시대에 우리에게 남겨진 이 땅의 마지막 소망입니다. 기독교 학교는 수많은 길 중 하나가 아닌, 우리가 돌아가야 할 유일한 본질입니다. 그리고 기독교 학교는 우리 자녀와 한국 교회를 위한 가장 확실한 미래입니다.

기독학교, 이 땅의 소망입니다.

하나님의 교육으로 충분합니다.

[참고 문헌]

• 기독교학교교육연구신서, 평양대부흥운동과 기독교학교, 서울: 예영, 2007.
• 기독교학교교육연구소, *기독교학교의 미래 전망*, 서울: 예영 2015.
• 제임스 W. 브랠리 역음, *기독교학교를 어떻게 시작할 것인가?*, 한국기독교교육진흥원, CUP, 2006.
• 루서스 존 러쉬두니, *기독교 교육은 무엇인가?*, 서울: 꿈을이루는사람들 2008.
• 기독교학교교육연구소 박상진 외 공저, *학교교육에 대한 기독교적 이해*, 서울: 교육과학사, 2010.
• 기독교학교교육연구소 박상진 외 공저, *다음세대를 위한 기독교교육 생태계*, 서울: 예영커뮤니케이션, 2016.
• 브레들리 히스, 조용한 혁명, *기독교학교*, 임선희 역, 서울 : 꿈을이루는사람들, 2007.
• 이스라엘 웨인, *성경적 세계관으로 홈스쿨링 하기*, 황혜정 역, 서울 : 꿈을이루는사람들 2008
• 프랭크 게블라인, *신본주의 교육*, 이창국 역, 서울: 기독교문서선교회, 1995.
• 양승훈, *기독교 세계관 렌즈로 세상읽기*, 서울: 바울 2010
• EBS 제작팀, *학교란 무엇인가*, 서울: 중앙 BOOKS, 2011.
• 전성수, *말씀으로 키운 자녀가 세상을 이긴다*, 서울: 두란노, 2009.
• John W Creswell, *질적 연구 방법론*, 조흥식 외3인역, 서울, 학지사, 2017
• 이동규, *전인적 기독교 교육*, 서울: 밀알서원, 2015.
• 조형래, *기독학교 이 땅의 소망입니다*, 서울: 그리심, 2015
• 글렌 슐츠, *하나님 중심 교육*, 배길수 역 부천: 한국국제크리스천학부 출판부, 2011.
• 김희자, "*기독교학교의 교수-학습 모델 개발*", 총신대논총 15, 1996.
• 총신대학교 부설 기독교교육연구소, *기독교학교 왜 필요한가?*, 서울: 기독교교육연구소, 1998.
• 노먼드 종, 기독교교육, *이제는 학교교육이다*, 손종위역, 부천: 한국국제크리스천학부 출판부, 2012.
• 조만제, *하나를 더하는 전인교육*, 서울: 예영 커뮤니케이션, 2017.
• 최윤식, 최현식, *20202040 한국교회 미래지도 2*, 서울: 생명의말씀사, 2016.
• 이지성, *당신의 아이는 원래 천재다*, 경기도 파주, 국일미디어, 2011

- 전성은, *왜 학교는 불행한가*, 서울: 메디치 미디어, 2011.
- 전성은, *왜 교육정책은 역사를 불행하게 하는가*, 메디치 미디어, 2011.
- 해로 반 브루멜른, *교실에서 하나님과 동행하십니까?*, 안종희 역, IVP, 2014.
- 기독교윤리실천운동, *대중문화, 더 이상 침묵할 수 없다*, 서울: 예영, 2003.
- 진 에드워드 *비스, 현대사상과 문화의 이해*, 오수미 역, 서울: 예영, 1998.
- 제임스 사이어, *기독교 세계관과 현대사상*, 김헌수 역, 서울 : IVP, 2007.
- 기독교적 세계관 (양승훈), CUP
- 낸시 피어스, *완전한 진리*, 홍병룡 역, 서울: 복있는 사람, 2006.
- 캐서린 레비슨, *살아있는 책으로 공부하라*, 임신희 역, 서울: 꿈을이루는사람들, 2006.
- 존 R. W. 스토트, *기독교의 기본 진리*, 황을호 역, 서울: 생명의말씀사, 2013.
- 알버트 월터스, *창조 타락 구속*, 양성만 역, 서울: IVP, 2007.
- 김요셉, *삶으로 가르치는 것만 남는다*, 서울: 두란노, 2006.
- 김기덕 김용석 이정희 전종설 정익중,*사회조사론*,서울:박영스토리, 2017
- Ammerman, Nancy et.al. 1998. 회중연구 : 이론과 실제 핸드북 . 2-3, 7장. Abingdon Press. 부록 A. 론 헌터 주니어,박금주 김치남 역, D6 DNA 세대통합,오산, D6 KOREA HOUSE, 2017
- 박상진, 한국 교회교육 위기 극복을 위한 기독교교육의 새로운 패러다임. 기독교교육논총제20집2002.
- 기독교학교교육연구소,제3차 기독교대안학교 실태조사세미나,서울,기독교학교교육연구소, 2017
- 박상진,공교육제도 내에서 기독교학교의 방향, 장신논단, 44(4), 317-344, 2012
- 장신근,강영택,김재웅,박상진,*기독교학교의 공공성*,기독교학교교육연구소 기획, (서울,예영커뮤니케이션, 2014,
- 박상진,*기독교학교의 미래전망*,제9회 기독교학교교육연구소 학술대회,기독교학교교육연구소, 2014,
- 루스 실로,*유태인의 자녀교육법 53*, 박민경 역,서울,국민출판사, 2006

하나님이 설계하신
온전한 교육

초판 1쇄 인쇄 2026년 2월 25일
초판 1쇄 발행 2026년 3월 5일

지은이 조형래
펴낸이 김춘자
펴낸곳 목양북

등록 2024년 3월 22일 제2024-047호
주소 경기도 용인시 처인구 양지면 학촌로53번길 19
전화 070-7561-5247 팩스 0505-009-9585
이메일 mokyang-book@hanmail.net

Copyright ⓒ 킹덤처치연구소 2026

ISBN   979-11-995524-6-3(03230)